合作办学背景下的课堂转型之路：基于学习力提升的课堂教学改革研究

陈秉初 著

浙江工商大学出版社
ZHEJIANG GONGSHANG UNIVERSITY PRESS

图书在版编目(CIP)数据

合作办学背景下的课堂转型之路：基于学习力提升的课堂教学改革研究 / 陈秉初著. — 杭州：浙江工商大学出版社，2017.6

ISBN 978-7-5178-2111-3

Ⅰ.①合… Ⅱ.①陈… Ⅲ.①课堂教学－教学改革－中小学 Ⅳ.①G632.421

中国版本图书馆 CIP 数据核字(2017)第 075631 号

合作办学背景下的课堂转型之路：
基于学习力提升的课堂教学改革研究

陈秉初 著

责任编辑	郑　建
封面设计	林朦朦
责任校对	穆静雯
责任印制	包建辉
出版发行	浙江工商大学出版社
	（杭州市教工路 198 号　邮政编码 310012）
	（E-mail：zjgsupress@163.com）
	（网址：http://www.zjgsupress.com）
	电话：0571－88904980,88831806(传真)
排　版	杭州朝曦图文设计有限公司
印　刷	杭州五象印务有限公司
开　本	710mm×1000mm　1/16
印　张	9.25
字　数	157 千
版印次	2017 年 6 月第 1 版　2017 年 6 月第 1 次印刷
书　号	ISBN 978-7-5178-2111-3
定　价	32.00 元

序　言

近年来,随着基础教育改革的深入和社会对优质教育资源的强烈需求,师范院校与地方教育行政部门、中小学开展合作办学已经成为一个很普遍的现象,甚至可以用如火如荼来形容。"合作办学"就是指高校、地方政府和中小学校利用各自的办学优势,合作开设、委托高校管理或高校部分参与管理一所或一个区域内中小学校的办学模式,合作办学有助于各地基础教育办学水平的提高和办学活力的激发、为师范院校开展基础教育研究带来了积极的影响,基础教育与师范院校也不再是脱节和各自封闭的了。师范院校在合作办学中,真正面对基础教育的实际问题,全面、深入、真实地了解基础教育的需求,从而为高等师范院校制定和调整培养目标和课程设置提供了鲜活的第一手依据,为高校研究基础教育提供了源源不断的问题和课题,也为师范生的实习、实践环节提供了优质的基地与条件。地方政府则可以借助合作办学的机制转变职能,开展现代学校管理制度的探索和实践;而中小学则在办学水平提升,尤其是在管理、课程和教学、教师专业发展等方面都有了坚强的依托,可以说合作办学本身就是各方共赢的一件好事。

国际上的大学与中小学合作可以追溯美国的杜威学校(Dewey School),美国的"八年研究"是大学和中学合作的较早案例。我国的合作办学也可以追溯十九世纪,其起点是师范学校和各个大学设立的附属中小学校,许多大学都设立了"实验中小学"或"附属中小学"。从世界范围来看,大学与中小学合作卓有成效的是北美洲、欧洲和亚洲。经过百余年的探究,大学与中小学合作已呈现出多元化的实践形态,诸如有试验特定思想和理论的实验学校,有面向教师教育一体化的专业发展学校和伙伴学校,有致力于整体变革学习、教学、课程、学生成长、教师发展和社区参与的专业学习共同体,还有致力于薄弱学校改进、教师专业发展和处境不利儿童进步的项目,等等。20 世纪 80 年代以后,伴随着国际政治、经济和科技等领域的激励竞争,人们对学校以及教师教育质量的要求逐渐提高,美国着眼于传统教师培养模式的改革和探索,如 1986 年由美国霍姆斯小组在《明天的教师》中提出的教师专业发展学校的理论构想,现今在英美等发达国家已形成了完整的实践模式,也发展出一整套成熟的运行技术,还对学校和大学双方的管理、课程等方面做出了先行一步的探索。国际研究既有利于后来者拓宽合作办学的视野,又能从中发现需要突破的合作,如怎样构建推进深度合作的长效机制。

我国的合作办学大体经历了从隔绝到游离、从观望到走近、从冲突到融合的变迁,合作的程度与合作方式在不断丰富,合作领域也有了扩展,涉及课程开发、科研、教师教育、课堂教学等各个方面,并逐步形成了咨询合作、"一对一"合作和三方合作等合作模式,而三方合作是目前合作办学的主要形式。所谓三方合作也称中介合作,根据第三方组织的不同可以分为三种类型:一类是大学、组织机构和中小学之间的合作,如以地区为中介的简称为 UDS 模式(即大学—区域—中小学校),以地方政府为中介的简称为 UGS(即大学—地方政府—中小学校),以教育行政部门为中介的简称为 UAS(即大学—地方教育局—中心学校)。大学与中小学分由不同的教育部门管理,有不同的教育职责,有不同的运行机制,由于第三方组织机构通常会有比中小学更多的行政资源、资金分配权利等,它的介入可以更有效地保障高校与中小学之间合作,也可以承担必要的协调人工作,有利于合作办学的顺利开展。

不过从理论上来看,除了高校附设的中小学校和幼儿园之外,长期以来师范院校并没有太多地介入地方办学,合作经验各方都不足,也缺少系统的研究和分析。这会对今后深入开展合作办学工作带来不利的影响。开展合作办学的系统总结与研究,对于更好地开展合作办学,提升合作实效,非常关键。尤其是我们正处于课程改变和社会变革非常剧烈的时期,能够在社会、经济、文化和教育变革宏观背景下审视合作办学,显得特别有必要。本系列丛书运用经济学、政治学、文化学、人类学等多种学科视角,综合采取历史研究、比较研究、叙事研究、田野研究等多种研究途径,系统分析了合作办学发展的背景、动因、内容、机制、冲突等问题,比较深入地探讨了合作办学不同主体的功能、微观行动机制及其对合作办学工作的影响,等等。系列丛书作者均是浙江师范大学直接参与合作办学管理和研究工作的专家,他们本身也带着各自的专业背景来分析比较中外不同的合作办学机制、学校管理变革、课程与教学改革、教师专业发展等方面的理论和案例,对于现今如何更准确地理解合作办学、提高合作办学成效都将会产生十分有益的作用。

　　浙江师范大学合作办学工作尽管起步时间不长，但是发展很快，至今已经在全省各地建立了19所附属学校，20余所中小学校成为合作办学的受益学校。这样的发展速度得益于我们一直注重合作办学品牌的建设，特别是合作办学系统的实践总结和理论探讨，同时在制度设计方面也做出了许多努力，提出了有浙江师范大学附属学校特色的组织架构和合作机制，要求合作学校成立附属学校的学校理事会和发展委员会，分别由地方教育行政部门首长和浙江师范大学派出的专家担任主要负责人。这对于解决附属学校的办学目标确定、规章制度建设、教师评聘、课程与教学发展、课题研究指导、财务保障、学校治理结构变革等方面，都有很好的支撑作用。同时，各个附属学校之间也建立了常态的合作交流机制，建立了相互借鉴、相互学习的途径，这可以说是促进附属学校共同发展的一条有效途径。

　　本系列丛书一方面是对国内外有关高校参与中小学校管理与教育改革方面的实践工作的系统总结和反思，另一方面也包含了浙江师范大学在合作办学方面所做的探索和实践。在此，我要感谢积极参与合作办学工作的各位同事的努力，也要特别感谢附属学校的各位领导、老师和附属学校所在地的教育局及相关部门的领导，没有大家的共同努力，不可能有这套书的面世，从这个意义上来说，本系列丛书也是我们三方合作的成果。

　　当然，合作办学本身是一项十分复杂工作，作为国内第一套研究合作办学的系列丛书可能也很难对此做出全面完善的分析和研究，我们把这套丛书作为一次初步的尝试，希望能够引发更多的关注，激发更多的研究，为进一步开展合作办学的研究做好垫脚石的作用。

周跃良

2016.12.11

目 录

绪　论

学校教育的根本是育人,进入 21 世纪的中国基础教育是否能够满足时代的要求,面对各种社会发展过程中出现的思潮、行为和价值观的变化,面对信息化社会带来的新的挑战,面对振兴中华的中国梦,作为中国的教育者,我们又该如何作为,如何为基础教育现代化服务。《基于学习力提升的课堂教学改革研究》就是在合作办学的背景下,面对基础教育改革的新要求,面对基础教育的现状,尝试从课堂教学这个最为基本的教育元素出发,回答上述问题。

第一节　合作办学

始于 20 世纪中期的基础教育办学多样化,打破了我国长期以来以政府办学为唯一模式的基础教育办学格局,民营资本的介入,给基础教育的办学带来了空前的活力。进入 21 世纪后,高等教育的力量逐步介入基础教育办学之中,利用高校的人才、智力、教学资源优势,直接对接基础教育,为基础教育带来前所未有的发展空间。

"合作办学"就是指高校、地方政府和地方中小学校,利用各自的办学优势,合作办好一所或一个区域的中小学校的办学模式。在这种模式中,基础教育与高校的办学不再是脱节和封闭的。基础教育在高校的指导下,从办学理念、教育思想与观念、课程结构、教学资源、教学方式方法、教学评价体制、学校管理、教师专业发展等,全方位地进行变革性教育实践,从学校育人的根本出发,全面提升学生的综合素养,培养高质量的未来人才。高校在这种教育实践中,真正面对基础教育的实际问题,全面、深入、真实地了解基础教育的需求,从而为高校(特别是高师院校)制定和调整培养目标和课程设置提供鲜活的依据,为高校教育与教学研究提供良好的课题,为高校学生的实践环节提供优质的基地与条件,提升高校社会服务功能。

地方政府则在这种模式中转变对基础教育的职能，从什么都管的基础教育办学的"婆家"，变成基础教育办学的决策者、支持者，而不是执行者。地方政府只是从地方的社会、经济、文化、人民生活等方面对基础教育的功能和发展要求进行决策性判定，为学校办学的顶层设计提供目标性要求，并为实现基础教育功能和促进基础教育发展提供各种方面的保障。在这种模式中，地方政府还起到高校与中小学联系的沟通、召集、组织的功能，为合作办学提供各种政策与条件。

对于"合作办学"的界定和功能，本书不做过多介绍，提出"合作办学"概念，目的是表示本书介绍的课堂教学改革的实践，是在"合作办学"的背景下进行的，是为了帮助读者比较好地理解"课堂教学改革的实践"要旨，并给读者的进一步实践提供前提条件和参照的依据。我们介绍"合作办学"时，有必要介绍我们的实践学校——浙江师范大学附属临浦中学。

浙江师范大学附属临浦中学位于浙江省杭州市萧山区临浦镇，是一所拥有校园面积120亩，学生近2000，教师150余人的初级中学。2001年由四所乡中学合并成立，具有典型的浙江省乡镇中学的特征。在萧山区的初级中学中位于中等水平。2012年12月开始成为浙江师范大学附属临浦中学。学校刚刚经过四校合并后的各种磨合期，对教师的归属感、教育与教学观念、教师职业意识、教学水平、工作习惯和工作作风、学校管理与保障机制等，都刚刚形成普遍的共识。学校的教学设施齐全，但使用率不高。学生以当地农村和乡镇子女为主，也有近三分之一的外来务工人员的子女。教师以能够完成教学任务为先行条件，基本沿用教师教、学生学，勤学苦练的传统教学模式；教师的教学研究能力相对低下，教学研究意识薄弱，专业化水平不高。所以，我们说它是一所典型的乡镇初中。

合作办学的契机，给学校一个改变办学面貌的机会；合作办学也要求学校改变原有的办学面貌，按照浙江师范大学联合办学的章程来设计学校的未来，开展学校的相关工作。总之，合作办学的开始，是学校改变育人模式，改变课堂教学模式，改变评价机制的开始。合作办学成为进行"基于学习力提升的课堂教学改革的实践研究"的大背景。

第二节　基础教育改革

1999年第三次全国教育工作会议召开，国务院批转教育部《面向21世纪教育振兴行动计划》，并发布《中共中央国务院关于深化教育改革全面推进素质教育的决定》中发［1999］9 号文件,一场基于提升公民综合素养的教育改革拉开帷幕。全国范围内掀起"素质教育"的讨论和思考,什么是"素质教育",如何进行"素质教育",基础教育中的"素质教育"标准是什么,我国基础理论界对这些问题进行了较为深入的研究,为下一步开展的课程改革提供很好理论支持。2001 年《国务院关于基础教育改革与发展的决定》国发［2001］21 号文件、2001 年 6 月 8 日教育部［2001］17 号文件:《基础教育课程改革纲要(施行)》标志着我国以课程改革为突破口的新一轮基础教育改革在华夏大地开展。

　　基础教育改革的目标是围绕着人的培养目标来设计和确定,即学校教育是培养人的主要途径,培养的人应该是能够适应和担当未来中华民族伟大复兴事业,应该能够成为优秀的世界性公民。这是国家意志,是国家发展过程中的重大战略决策。有关基础教育改革的文件都是国务院发的,它意味着在中国的土地上从事基础教育的所有人员,不管其地位、职业和岗位有什么不同,都必须积极参与到基础教育课程改革中来。基础教育课程改革的目的是使学校恢复其原有的育人功能,为中华民族的伟大复兴培养所需要的公民,这意味着从国家层面确认了我国现行基础教育的体制、课程、教学、评价等诸多方面存在着阻碍学校育人功能发挥的情况与现象,必须加以改革。课程改革提出的具体改革内容,切中我国基础教育中长期存在、影响学生全面发展的问题本质。进一步明确了"学校是干什么的? 应该干什么事情"的问题,也回答了"什么样的学校算是好学校"的问题。将学校教育的中心重新回到"为了学生的发展,为了每一个学生的发展"的办学价值观上来。同时,课程改革不是将原有学校体系全盘否定、推倒重来,而是在原有的基础上进行"改变",是一种"调整方向"性质的改革。

　　2006 年浙江省成为第二批试点省份,在全省范围内推行基础教育的课程改革,从教育理念、学校管理、课程管理、课堂教学范式、学生学习方式和自主性、学生发展的基础性与个性化、教育评价制度、教师专业发展等多个维度,进行教育改革,2009 年开始独立进行高考命题和组织。这种改革对浙江省的基础教育带来的机会和挑战,是地方教育主管、学校领导、教师、学生和家长所始料未及的,适应并积极参与到这样一场意义深远的教育改革之中,成为每一个教育工作者的新任务。

　　经过六年的实践,浙江省基础教育课程改革取得了很好的成就,基础教育的面貌发生了变化。但是,这种改革并不是均衡的,地区、学校、教师之间存在着较大的差异,特别是一些农村中学的变化要小得多。2012 年,浙江省人民政府为贯彻落实国家和省中长期教育改革和发展规划纲要,优化育人模式,推进素质教育,提高普通高中教育质量和办学水平,加快教育现代化建设;为落实国家中长期教育改革和发展规划纲要,"推动普通高中多样化发展""全面提高普通高中学生综合素质"的重要举措,适时提出了"浙江省深化基础教育课程改革",要求在巩固已有的课程改革成果的基础上,针对浙江省基础教育改革的实际,有特色地建设学校和学校课程体系。深化课程改革的关键词是"选择",将办什么样特色学校的权利给学校,将选择怎样课程的权利给学生,将人生规划的权利给学生与家长。在共同基础的前提下,强调学生的个性化发展。"选择"的背后是"责任",当大家进行上述"选择"的时候,必须为自己的"选择"负责。同时,进一步完善教育评价制度和高考、中考制度。

基础教育课程改革为学生全面而个性的发展提供了很好的环境,也为学校办学模式转变和课堂教学模式转变提供了很好机会。为了保证落实好深化基础教育改革的各项任务,作为一个具体的学校,从宏观层面需要重新确定学校的地位和特色,确定学校办学目标和培养目标,确定学校办学章程,完成学校课程的顶层设计,使学校课程能够体现学校办学目标和特色,能够体现学生的特点和需求。从中观层面,需要解决学校课程体系的内在结构性问题,需要明确学校课程与学校培养目标之间的相关程度,需要合理安排学生在不同年级段的学科,需要完善学生选课制度执行中的各种规章制度,需要完善学生的学业水平评价制度。从微观层面看,需要开发学科体系下的选修课程或学科交叉的选修课程,需要对学科必修内容的二次开发和校本化,需要改进教师的教学方法,改变课堂教学模式,需要重视与指导学生的学习习惯养成与学习方法提升。可能还有许多"需要"存在,如家长与社会对学校教育的观念、教育行政部门对学校教育改革的领导与支持,等等。所有的这些"需要",都是基础教育课程改革和深化课程改革后提出来的,在以往的办学历程中,这些"需要"基本上是"按照主管部门的安排"来执行就行了,对于多数的学校管理者和大多数的教师与学生来说都是"第一次"。"第一次"新的"需要"就要求我们对这些问题进行系统研究,拿出适合自己学校和本地区基础教育的具体做法来。

如果从学校教育的本质是培养人,是促进学生的发展这个意义上讲,在上述的众多"需要"中,最根本的"需要"最后都落实到学生的学习上来,落实到课堂教学这个学生学习主阵地上来。因此,"基于学习力提升的课堂教学改革的实践"成为学校必须完成的任务。作为浙江师范大学附属中学,在教育理念、教育资源、教育信息、教师队伍成长等诸多方面具有优势,理应先期开展课程改革的和课堂教学改革的实践,以辐射与引领当地基础教育同类学校的教育改革。

第三节　课堂教学的实践

在全国进行基础教育课程改革的大浪潮中,一些国外先进的教育理念逐步被我们接受,一些现代教学模式逐步成为中国本土化的教学范式。"为了学生的一切、一切为了学生发展""为了每一个学生的发展"成为学校教育的基本理念。"自主""合作""探究""分层教学""教育信息化"等教学理念成为普遍接受的主基调。"有效教学""课堂教学效率""课堂教学多样化与信息化"等成为学校课堂教学追求的主要目标和质量标准。"学生发展程度""多元智能与个性化发展""综合达标程度"等成为教学质量评价的主要观念。

在课程改革的大潮中,涌现出一批课堂教学改革成果的先行者,杜郎口、杨思经验一度成为大家所学习与效仿的榜样,浙江省也涌现出安吉县昆铜中学这样通过课程改革,实现学校办学质量发生根本变化的农村中学。他们的成功样板成为我们学习和效仿的对象,也让我们看到了基础教育发展和变化的未来。激励着我们尝试进行"基于学习力提升的课堂教学改革的实践"。

在课程改革实施的同时,基础教育中还普遍存在着"应试教育"背景下的各种充满"功利色彩"、苦教苦读的课堂教学模式;一些所谓的"重点、名校"仍然延续着"应试专业户"的称号,而成为广大家长的"首选",被地方教育主管部门树立为榜样;一些"生源不好"的普通中学,也效仿着重点中学的做法,比高考、中考的重点率、升学率。以"解题为主要教学目标"、以"排名为主要评价指标""以题海为主要学习方法"的基础教育劣根性仍然普遍存在。一些接受新课程理念、愿意尝试进行课堂教学方式改变的一线教师,在这样的环境中不可能进行课堂教学改革的实践,也很少有人能够从操作层面对他们的改革进行具体的指导。学生的"厌学"情绪仍然很高,学习的自主性和自主能力仍然低下,除了跟着老师读书(更确切地说,做作业)外,其他事情的关注、处理、解决能力低下。家长中"望子成龙""光宗耀祖"的观念坚不可破、根深蒂固。一个扭曲的学校教育模式,为我们进行"基于学习力提升的课堂教学改革的实践"回答了"必要性"与"紧迫性"的问题。

上述三个基本的办学背景,提供了我们实施"基于学习力提升的课堂教学改革的实践"可能性,促成了本书即将给您介绍的一些课堂教学改革的经验和做法,也促成了学校教育质量和办学品质的全面提升。

第一章　学校教育本质的重新审视

对于学校教育本质的理解，是学校中所有事情开展的先决条件。什么样的学校教育本质观，决定了学校未来的发展，当然，也决定了课堂教学模式的变化。因此，在介绍如何开展提升学生学习力的课堂教学改革实践之前，我们有必要重新审视学校教育本质这个大家熟悉又陌生的概念。

第一节　学校产生与学校教育本质

学校（或学堂）的产生是人类社会进步和文明的标志。随着人类社会化程度的不断加深，社会的分工也更加细致，人类对自然、对社会的认识更加深入。长期实践过程中产生的知识需要通过一种有效的渠道进行传承，对社会实践过程的形成的技术需要一种载体（或平台）进行传授。同时，在人类社会活动中所形成的共同价值观和社会道德，需要通过一种途径传递给下一代，并通过这种传递过程，影响下一代人的行为与规范，从而使他们进一步推动社会的发展。所以，我们经常告诫自己的小孩，到学校去干什么——"学知识、学文化"。学校的产生就是人类社会化进程中的一种必然的产物。

学校产生的原因已经表明，学校是教育单位，是育人的机构，具有鲜明的社会属性。从私塾到学堂，再到现在的各类学校，学校的这种本质的属性从来没有发生根本性的变化。这种根本属性决定了办学的指向就是为了学生的发展，为了给学生提供足以满足其发展所需的各种平台与条件。这里指的学生的发展是从社会发展角度对人才的需求来谈的，是指未来社会的建设者、管理者、推动者应该需要具备的各种要素，需要具备的综合素养。当然，我们这样定义学校只是从社会学的角度，只是从大的社会发展进程来进行的。不可否认的是，在办学过程中，还包含着学生个人的理想、家长的期望、教师发展的需求。他们也是学校建设和发展中必须包含的因素。

教育的本质是培养合格人才。不同社会时期,对于人才标准的差异,导致了学校办学形式的不同,导致了衡量学校教育质量标准的差异,也导致了社会对学校的期望和评价的变化。在我国,漫长的封建社会中,私塾与学堂的教育指向是为了封建统治阶级选拔各种管理人才,"读书做官"成为一种被社会广泛认可的学校的社会职能。这种通过读书、考试来任用各级官员的方式,比"世袭制"有很大的进步,能够为政府机构输送新鲜血液,能够促进政府职能的履行。对于学生个人和他们的家庭而言,这种学校体制成为个人摆脱贫穷、提升社会地位的一条途径,所以,"读书做官"后面紧接着的是"光宗耀祖""升官发财"。1300多年的"科举制度"就是在这样的学校职能和办学标准下产生、发展与灭亡的历史标记。随着封建制度的推翻,民国期间学校的职能更加接近于社会的需求,包括国家管理机构、政治、经济、文化、军事、社会、个人生活的需求,办学目标指向的多元化产生了各个种类的学校。由此带来的学校人才标准、培养方式、教学形态、质量标准、学校规模等都发生很大的变化,现代学校教育的形态基本形成。社会的分工与社会分工所带来的对人才的需求,促使学校的职能和办学形态发生分化。各类学校为社会提供了各类所需人才的同时,人们对学校的社会功能、对学生在学校的发展途径、发展水平也发生变化。人们在延续着"光宗耀祖""升官发财"等传统教育目标指向的同时,逐步将学校教育转变成谋生与寻找未来社会中适合的职业的途径。但是,由于当时的社会发展和社会生产力都还处于相对低下的程度,学校的办学规模比较小,能够接受系统的学校教育的人数很少,能够接受高等教育的人数更加少,一种接受教育的人就是社会"人才"的"精英教育"理念广泛存在。一度还将接受教育的经历与某一个人的文明与开化程度相统一,社会上讲的某某人的文化程度,其实就是他接受教育的程度——"文化程度",这种观念还一直延续到今天。其实,文化程度是人类的文明与开化程度,就是人们摆脱自然属性,增加社会属性的程度。学校通过传授知识与技能,通过学校文化的影响,通过普适性的价值观和道德教育,是能够影响和促进学生文化程度的提升的,但两者不一定就成正相关性。

新中国诞生后,我国的学校办学目标发生质的变化,"培养社会主义接班人"始终存在于我国各个时期的教育方针之中。在计划经济时期,我国的学校布局、办学规模、招生计划、培养目标、专业格局、课程安排、教学形式、评价指标、毕业分配等,全部按照国家发展规划来统筹安排,学校的各种办学条件和办学经费全部由国家计划承担。学生的个人取向、家庭的期望基本上服从于国家计划的需求，"哪里需要去哪里""到国家最需要的地方去""扎根边疆""为国家建设贡献青春与智慧"等，成了读书者去上学的基本理念。从"扫盲运动""普及教育"到"义务教育"，我国的基础教育的基本指向就是"提升公民的基本素养"。由于经济基础、办学规模的影响，高等教育一直延续着"精英教育"的模式。我国接受高等教育的人数还是很少，"大学生"——"国家人才"还是一种普遍的观念。20世纪90年代中期开始，我国随着整体国力的提升，迎来了高等教育大发展的时期，高等教育逐渐进入普及教育，成为大多数公民都要经历的一个接受教育的过程。与此同时，我国基本实现了"九年义务教育"和"高中普及教育"。我国的孩子们接受学校教育的机会大大增加，可选择的职业爱好和个人取向更加多样化，办学的规模空前提高。

从学校产生开始，不管处于哪种社会制度和社会形态、不管社会发展和生产力水平的高低、不管学校办学形式的多样化，学校的本质始终没有发生变化，那就是"学校是育人单位，学校为社会培养所需的人才"。这种本质是由学校的社会属性所决定的。所不同的是，在各个社会时期，学校培养的"人才标准"会发生很大的变化。而"人才标准"又是决定于当时的社会制度、社会发展程度以及人类社会化程度。

我们讨论学校教育本质，并不是为了真正地来论证学校和学校本质（所以介绍得非常简单），而是为了回答本书中所涉及的"学校办学目标"，是进行学校课堂教学改革的一种最基本性的立论依据和出发点。也就是说，本书中所涉及的一切改革的根本就是要保证学校育人功能的实现，就是要提高学校培养社会所需的人才的能力与效率。这实际上是从价值观的层面解释清楚"为什么要办学""怎么样的学校才是好学校"的问题，也是统一标准来审核我们的课堂教学改革的实践过程的每一步，从而加深人们对课堂教学改革的认可度，这样才能使每一位教育工作者投身于这样伟大的改革之中。

由于本书是介绍中小学的课堂教学改革实践，所以，在以后章节中所说的"学校"，统指中小学。

第二节　学校教育的机遇与挑战

清楚了学校教育本质，我们再来看现行的学校教育情况，如果我们现在的学校都能够体现这种育人本质，学校课堂教学改革就没有必要。正是因为我们现行的学校教育中存在着诸多与学校育人本质不相同的情况，我们才有必要来介绍"基于学习力提升的学校课堂教学改革的实践"。我们一起来理一理我们学校教育中存在的问题吧。

一、学校教育的挑战

我国基础教育面临着诸多困难与挑战，总体上说是"穷国家办大教育"，我国人均的经济总量还不高，还是一个发展中国家；我国的基础教育的规模又很大，任务很繁重，存在一些问题本身也是正常的。但是，在恢复高考后的 30 多年来，随着国门开放，各种思潮的涌入，以及经济水平的提升，百姓生活水平的提高，基础教育中出现了一些影响我国公民素养水平，影响我国可持续发展和中华民族伟大复兴事业的情况，给基础教育工作者带来了不可回避的巨大挑战。

（一）知识与技能的教学

学生到学校"学知识、学文化"，学校教育中知识与技能的教学历来是很重要的组成部分。强调基础教育中"双基"的地位并没有错，也不会过时，我们在学校教学中就是要理直气壮地提出加强学生的知识与技能的教学。我们这种观点与当前教育界的一些观点有所不同，在 21 世纪初的基础教育课程改革起始阶段，就曾经围绕着开展"探究性学习"问题，进行过长达三年的"重过程还是重结果"的争论。当然，今天看来，将学习结果与学习过程对立起来，将学习的两个必备要素分割开来，本身就在方法论上出现了错误，但是，其带给一线教育工作者的思想上的混乱仍然存在。特别是一些"优质课""公开课"中，还常常可以看到过于重视课堂教学过程的形式，轻视学生的学习效率和学生学习过程中生成性问题的解决的现象。所以，对于基础教育中如何对待知识与技能的教学，我们需要一开始就亮明自己的观点。在这样的观点下，谈我们课堂教学，谈教师的教和学生的学，谈学校的育人问题。

如果说学校教育中的知识与技能教学是重要的目标的话，接下来的问题是对学生传授哪些知识与技能？是不是将全部知识与技能都要在基础教育阶段传授给学生？我国学科课程标准的阐述是"公民参与社会生活、经济活动、生产实践和个人决策所需要的知识与技能、探究能力及相关的情感态度和价值观"。可见基础教育阶段的知识与技能是公民未来从事各种事业时所需要的最基本的知识与技能，并不是社会精英、各类专家应该有的知识与技能。所以，每个学科的课程标准中都明确规定了本学科、该学段中学生所要达到的知识与技能的水平标准。事实上，即使是高等教育，也不可能将全部知识与技能（或者说某一学科的知识与技能）传授给学生。人类进入20世纪80年代后，一种普遍的观点是"人类进入知识经济时代"，"知识更新很快"，有人甚至说"五到三年更新一次"。不管知识更新速度如何，现代知识容量之大、增加与更新速度之快，是不争的事实。知识的快速增加和更新，使得学校根本不可能完成全部知识与技能的传授，即使能够传授大部分知识与技能，经过几年后，也会被更新。因此，在学校教育的知识与技能目标中，其深度与广度的把握成为一个极其重要的问题。

那么，基础教育中关于知识与技能教学的问题究竟在哪里？主要有以下几个方面的问题比较突出：

（1）"学科本位"现象。学科本位是指在教学内容安排中，过分强调学科本体知识的系统性与内在逻辑性，过分强调按照学科知识体系来进行学科教学内容的安排，忽视学生思维水平和学习基础，忽视学生学习的需求和理解能力，追求"一个知识点都不能少""要下完整的科学性定义"。持这种观点的教师和家长并不少，他们的本意是为了使学生能够更多更完整地掌握学科知识与技能。但是，这种观点带来的危害是"教育指向是为了学科知识与技能教学的完成，而不是学生真实的需求"。在基础教育中普遍存在"初中教师批评小学教师没有教好、教错了，高中教师指责初中教师教的不正确"的现象，以至于有学者专门研究各个学段之间知识与技能的衔接问题。

强调"学科本位"，带来的另一个困惑是"教学进度"问题。不管学校类别和基本情况如何，统一的教学进度，赶教学进度现象普遍存在。在一些普通中学，学生的学习基础和学习能力比较差，为了赶统一的教学进度，教师在教学中不再关心学生是否掌握，是否达成教学目标，是否能够实现知识的迁移与应用，而是为了完成课堂中必须讲完的教学内容。"夹生饭""坐飞机"的现象就应运而生。将完成规定的教学内容作为课堂教学的目标，而不是学生在原有基础上的、应该并能够达成的知识水平。长此以往，课堂中教师讲授为主，学生跟着教师强行记忆，所谓"上课记笔记、课后背笔记、考试考笔记"的现象就形成。这样的教学带给我们学生的是被动的接受，死记硬背；带给教师的是重复训练、反复练习，时间不够，还得要去争"学生的自习课"或者"课后补课"。在知识容量不大的情况下，这种教学方式还可以勉强完成教学目标，在知识容量急剧增加的今天，这种方式已经明显不适应了。

（2）"知识讲得越深，水平越高"。这又是一种比较普遍地存在于基础教育中的观念。这种观念认为，教师是知识与技能的传授者，传授者的水平高低就在于其自身所具有的学科知识与技能的广度与深度；将自己知道的知识与技能传授给自己的学生是"天经地义"的事情。所以，课堂教学中往往出现教师上课超过课标要求，不断地深挖与演绎的现象。课程改革中要求改变的教学内容"难、烦、陈、旧"现象就比较普遍地存在。

"知识讲得越深，水平越高"的观念，表现最为充分的是学生作业，特别是市场上随意买来的"复习用书"，还有几校联考与"月考"试卷中也普遍存在。由于这些"学生作业或试卷"的编辑者的目的与利益驱动，由于普遍存在的"难一点总没有什么错"的思想影响，"将学生考倒或难倒"成为衡量教师专业水平的一个指标。

几校联考和月考中超标情况的存在，还迫使一些能够按照学生学习水平进行教学的教师，也必须接受或按照"知识讲得越深，水平越高"的观念来进行教学。在与众多中学教师谈到这个问题时，他们坦诚自己并不是不知道这种教学观念的错误，而是没有办法。学校要按照联考、月考成绩来考核老师，如果教学进度不能够按照考试的要求，教学的深度不能够达到考试的水平，自己的学生会有一些题目做不了，就要在联考、月考中排名退后。"讲了总比不讲好，万一考到呢？"成了教师们备考的一种心态。

"知识讲得越深，水平越高"的观念，还带来一种具有普遍认知的奇怪思想，那就是"高中教师水平比初中教师高，初中教师水平比小学教师高"，以至于一些教师从初中调到高中任教成为他教学水平高的表现。这种思想在社会上存在，在中小学教师中也存在。

（二）学习动力与学习习惯

在基础教育阶段，特别是义务教育阶段，学生"因为特别聪明而成绩好，因为特别笨而成绩差"的现象是少数，按照心理学的普遍观点，特别聪敏和特别笨的人各占 3%。而造成学习成绩的高低主要原因是：学习动力与学习习惯，学习方法与学习能力。

学习动力是学生对于学习的内在的、自身的需求。它包含学习动机与学习能力。学习动机是学生回答"为什么要学习""出于什么目的而学习"的问题，学习动机是学生形成主动学习、自主学习的内在的必要条件，是学生学习的内因。而学习能力是学生进行学习、能够按照自己的期望进行学习的能力，是学习取得理想成绩的保证。学习动力的情况如何，直接决定了学生学习的结果，决定了学生真实的学习所得。

学习习惯是学生对待学习的自觉的行为。什么是"习惯"，就是在没有强制力量的前提下，人们自觉的行为与规范。简单地说，习惯就是"今天或现在不这样做，我会感到难过、感到不舒服、感到不高兴"。习惯有好坏之别，好习惯能够使学生学习进步，能够保证学生有较高的学习自觉性；坏习惯则会使学生"厌恶学习""不愿意学习"，使学习缺乏自觉性。

我们基础教育特别是低年级段的启蒙教育，其最重要的任务之一就是通过我们的教学行为和学校管理，促进学生形成良好的学习习惯，产生较高的学习动力。所谓"让学生明白学习是我自己的事情"就是指学习习惯与学习动力。

那么，我们现行的基础教育是否能够让学生产生，或者说让大部分学生产生好的学习习惯和学习动力呢？

（1）"学习前移"磨灭学生的天性。不知道哪一天，哪一个人提出了"不能让孩子输在起跑线上"，从那时候开始，人们对孩子的教育明显出现"学习前移"，幼儿园不再是孩子们"玩"的地方，小学一、二年级也不再是孩子们认识学习、形成良好的学习习惯、掌握一定的学习方法的地方。幼儿园成了比赛的地方，比"唐诗宋词"的背诵，比掌握"汉字、英语单词"的多少，一周七天，给孩子报八个"兴趣小组"，钢琴、音乐、体操、跆拳道、书法、画画、朗诵、主持人甚至还有心算与奥数，成人要学还没有学会的，或者说成人都不是每一个人都会的东西，幼儿园的小朋友必须都学会。小学一年级开始，就是做不完的作业，几乎没有多少时间是学生能够自己安排学习与玩耍的。

在幼儿阶段对小孩子的"学习前移"，磨灭了孩子的天性。孩子们生来就有的"好问"的天性没有能够得到很好的保护和发展。幼儿园、小学阶段就开始了"跟着老师学习""按照家长的安排学习"，孩子们的学习主动性、自觉性就渐渐地被压制而消失。"树上十只鸟，一枪打死一只，树上还剩几只鸟"的例子随处可见。

（2）"跟着老师寻找那个唯一答案"是学生失去了学习主动性和学习能力的另一个原因。从小学到初中，从初中到高中，延续着一条基本法则，"考什么、教什么、学什么、做什么作业"，普遍存在"学生跟着老师走、老师跟着试卷走"的现象。在这样的学校教育氛围中，不仅学生没有学习的主动性和自觉性，老师也失去了教学的主动性和自觉性，学习、教学成为"工厂生产产品时规定的工艺流程"，形成了没有人敢去尝试、寻找新方法的局面。

在这样的学习环境中，学生不可能形成良好的学习习惯，不仅失去了学习的动力,而且产生了"厌学"情绪与现象。"因为不需要自己去安排学习,所以就没有去想过如何安排自己的学习,最后是不会安排自己的学习。"甚至到高考完成,填写报考志愿时,对于"你喜欢什么专业"的问题,有多少学生回答是"不清楚"。我们不要去责怪这样的学生,因为在基础教育阶段,我们几乎没有机会让学生去考虑这样的问题。

按照考试要求安排学习,还带来一个更加严重的问题,那就是"学习就是寻找那个唯一的答案"。只有一个答案的标准化考试,带给教师与学生的是寻找正确答案。这种学习方式失去了对学生"思变""质疑"能力的培养机会,选择题做到不用看"题干"就可以选到正确答案的现象。学习已经没有了自己的思考,没有了自主与自觉,"今天没有作业学生就很高兴"已经是一种普遍现象。

(三)学习方法与学习能力

学习方法是学习能力的一种体现。在反复练习的"题海战术"中,学生的学习方法变得十分单一,那就是"试误与纠误",重复练习。我们曾经跟踪过一个"名牌初中"的4月份(中考前两个月)九年级数学的作业,发现在一个月的作业中,第一道题目是"−3的相反数是什么"出现了6次,不仅没有换作业中的位置,也没有换一换数字,还是第一道题目,还是−3。在减低中考难度的情况下,这种不管学生是否已经掌握,都需要重复训练的现象有增无减。

曾几何时,"苦读"成了我们学习的"唯一途径",所谓"十年寒窗苦""头悬梁、锥刺股"成为对用功读书人的褒奖。在肯定学习毅力的前提下,我们需要思考的是"学习的效率",这就是学习方法问题。学习需要刻苦,但是刻苦并不是能否学好的标志。

单一的学习方法,学生的学习能力就不可能高;单一的学习方法,学生的学习自觉性就不可能高。改变学生的学习方法,增加其学习的自主性和自觉性,提高学习的效率,已经成为改变基础教育面貌的必然。

课堂教学中还有给学生介绍学习方法的问题,要将学习方法的学习看成是学生学习的内容之一。学习方法要适合于所教授的学生,而不是单纯地、生搬硬套地介绍,学习方法还有鲜明的学科特征与学段特征。这些我们在书的后续章节中会详细介绍。

(四)职业操守与教学观念

"教师是人类灵魂的工程师""教师是神圣而伟大的职业",这些口号曾经是广大教师引以为荣的精神支柱。中国教育史上也历来有"尊师重教"的社会风尚，教师曾列"天地君亲师"为人们所膜拜的对象，教师也成了"知识与真理的化身"。这种教师职业观仍然是我们现代教师的主流，兢兢业业将自己的智慧用于学生的培养。但是，从何时开始，教师的这种职业操守正经历着前所未有的冲击，教师的行为开始用"金钱""名誉"来衡量，并为其所左右。学校之间挖生源现象并不少见，教师之间找"优等生"，为学生分班而大费周章。更有甚者，一些教师上课时讲得浅一些、简单一些，而在晚上的家教中再进行补课，以至于各级教育主管部门要专门发文"禁止教师参与家教和任何形式的补课"。利益的冲动，使部分教师失去了职业操守，各种升学、联考中成绩的好差，成为评价与奖励教师教学水平的指标，鼓励与引导着教师丢失职业操守。所谓名校、名师的评比和宣传，起到了推波助澜的作用。"为什么当老师"的问题出现了迷茫不清的现象。

教学观念的陈旧和固化是教师中存在的另一个问题。大量陈旧的教学观念仍然存在于不少教师之中，教师与学生的关系、教学的标准、教师的作用、教与学的关系、教学评价问题、教学理论与教学实践的关系等，这些问题上的错误观念直接影响着我们基础教育的质量。

教学观念陈旧的同时，更加麻烦的问题是"拒绝新的教学观念"。这种现象在课程改革的各类教师培训过程中普遍存在。教师培训中，培训方案缺乏针对性，造成培训质量不高，是不争的事实，但是，这也成为一些教师不要培训、抵制培训的理由。

教师职业操守与教学观念问题，直接影响着教师专业发展，影响着教师队伍的成长。

（五）教学能力与专业发展

教师的教学能力直接影响到基础教育的教学效率，是课堂教学中的主要影响因素之一。应该说，我国基础教育界有很多具有很高教学水平的教师，正是他们的努力工作和榜样作用，成为我国基础教育的中流砥柱。但是，由于我国基础教育面很广、各地教育资源很不平衡，学校教育任务很重，所以，存在着比较严重的教学能力低下问题。大家习惯于应用长期熟悉的"题海战术"，习惯于课堂教学中"滔滔不绝"的讲授，习惯于直接将所谓的"正确答案"告知学生，习惯于用标准化的题目去考核、区分自己的学生。这种大家习以为常的教学方法所体现的是教师的教学能力的低下，是对学生学习效率的阻碍。

在课堂之中，教师的教学能力主要由学科本体的知识与技能（内化的东西）及其教师的表达、呈现、解释（外化的东西）所构成。也就是我们通常讲的，教师不仅要自己懂，还要让学生懂。我们说教学能力低下，包括了这两个方面，既有学科本体的问题，也有外化的问题。教学能力低下存在着明显的个体差异和地区差异，其带来的问题不只是影响当地某一个学校，还带来了"择校""择班级""挖生源""比生源""怨生源"等。这种教学能力低下现象还与教师专业发展渠道单一、教师专业发展观念陈旧、教师专业化水平低等问题相关。努力提升教师的教学能力，促进教师专业发展是一项艰巨的任务。

（六）教学模式与学习效率

继教师职业操守与教学能力问题之后，教学模式的单一和固化，是造成学生学习效率不高的又一个直接的因素。我国基础教育中由于长期采用大班额授课的形式，一个教室中有四五十位学生，最多的小学班额甚至达到 118 人。教师基本上采用讲授法，教师在讲台上讲课（有时也会下来），学生坐在位置上听课、记笔记；教师提出问题，学生举手发言，有时也会安排学生之间的讨论，但讨论的问题还是老师提出的问题；一些学科（理科）的教师会在课堂中进行一些演示实验，也会让部分学生上讲台演示，或呈现某些结果与作品；随着多媒体技术引入课堂，计算机辅助教学也成为一种较为普遍的形式。但是，不管教学方法和手段如何变化，以教师为主体的课堂教学模式不会发生变化，学生跟着教师学习的本质没有发生如何变化。这种课堂教学模式在一定程度上已经得到很好的固化，成为一种大家普遍接受和认为"本来就应该如此"的教学模式。进入基础教育改革后，尽管提出了"学生主体、教师引导""教师是学生学习的支持者、援助者"等一些口号，但在教学实践中还很少有能够体现这些教学理念的教学模式。有的教师以"没有时间，跟不上教学进度""保证不了教学质量，会影响考试成绩"等为理由，坚持延用自己已经熟悉的教学模式。

随着信息与交流技术的广泛应用，地球村概念的出现，已经将我们的社会带入了信息化社会，人们的各种活动似乎都很难离开信息技术。这种影响不可阻挡地将影响到课堂教学，影响到学生的学习，信息与交流技术也必定是构成学生学习力的一个要素。

目前基础教育中的教学信息化存在的问题是"两个极端"。一方面，教学的信息化及信息与交流技术并没有在课堂教学和学生的学习过程中得到普遍应用。尽管课堂教学的信息化所需要的硬件设施已经基本上能够满足教学的需求，但是，由于教师的传统教学的惯性不能在短时间内改变，一些学校甚至为了避免学生上网打电子游戏，禁止学生在学校使用智能手机，这种"因咽废食"的方式，就和因为怕出安全事故而不让学生参与校外的社会活动的做法如出一辙。即使在课堂教学中适用信息技术，也多是以PPT为代表的简单技术，基本上只能够替代传统教学中的板书的功能，教师的信息化水平特别是应用水平的低下是一个关键的限制因素。另一方面，一些优质与公开课中使用的信息技术，已经达到了相对先进的水平，但对为什么使用信息与交流技术，如何能够达到理想的教学效果等问题关注不够，基本上流于形式，或者作为优质课与公开课的"装饰品"。

全球性的信息与交流技术的发展，"智慧教育"的提出与推进，必将为基础教育的课堂教学环境创造一番新天地。

（七）教学经验与教学研究

教学是不是一门学科？如果是，教学问题就需要通过教学研究来解决。长期以来，教学研究的地位和作用问题，在基础教育中一直没有真正搞明白，教学研究处于一种"可有可无"的状态。对于多数学校而言，教学研究只是给"学校装装门面"的事情，尽管每一个学校都会有教学研究的机构与组织，也会有关于教学研究的具体规章制度，但是，其作用发挥还只是停留在学校之间的"评比""考核"。一些学校也会申报教学研究课题，而研究什么、研究成果能够给学校的发展起什么作用等问题一直没有解决，课题申报下来后就相当于一项"教学成果"，到了要结题的时候，就指定专人写一份"东拉西凑"的结题报告来交差了事。这种情况虽然有我们教育主管部门对教学研究的管理问题，但最主要的还是对教学研究价值的认识问题，是对"教学是不是学科"的基本问题的认识问题。对于一线教师而言，教学研究多数是为了"评职称""年度考核"。所以写出的论文不是针对教学中的实际问题，而是照搬照抄一些所谓的"新理念"，空谈一通。这样的研究对学校教学水平的提升，对教师专业水平的提升几乎没有多少帮助。长此以往，教学研究成为可有可无的一件事情，也就顺理成章了。

教学研究的滞后，已经严重影响我们基础教育的教学质量，严重影响教师的专业发展。而教学研究滞后的众多因素中，对教学研究重要性和有效性的理解问题是最为关键的。其次就是教学研究的能力问题，一线教师不知道选择什么样的问题进行研究，不知道一些教学研究的基本常识问题和规范，甚至不知道"什么叫论文""论文是干什么用的""论文与平常的总结报告、经验体会有什么不同""论文如何发表"等一些基本问题。一些教师还常常问我"哪些地方交了钱可以发表论文"，当我告诉他们没有这样的地方,论文发表与否和交不交钱无关,关键是看论文的质量时,教师们常常表现出"不相信",有的还能够举出例子来说明"交钱就能发论文"。尽管确实存在一些期刊"只重视收钱,不重视论文质量"的现象,但是,我们老师对发表论文的过程和规范不够了解,也是主要的原因。

那么,我们教师的专业发展水平依靠什么来完成的呢？答案是"经验"。我们毫不否定教学经验在教学实践中的作用和地位,有时教学经验会发挥很大的作用,我们的基础教育的长足进步,正是由于我们的一线教师对课堂教学积累了大量的教学经验。但是,经验来自于实践的总结和个人的感悟,它没有被上升到理性的层面。也就是,教学经验可以告诉我们如何教学,但不知道或不能很好地解释为什么要怎样教,更不会知道如何教更好。这就是基于经验的教学与基于理论指导下的教学实践之间的本质区别。也正是因为这样,我们才反复强调教学理论的指导价值。基础教育中存在过于依赖教学经验的现象,特别是广泛存在并积极推广的"师徒结对"。师傅带徒弟——老教师带新教师有很好的作用,但是,它是基于经验的传承,是新教师对老教师的教学经验的"全面继承",因此,在继承了老教师的优秀经验的同时,新教师不可避免地继承了一些负面东西。在基础教育中对指导教师不称"导师",而称"师傅",不少特级教师和教学名师也会介绍某某某是我的徒弟,而某某某则称其为"师傅"。师徒关系的确立是一种传帮带的方式,如果能够师徒之间处于一种"平等关系"的教学行为研究,则无疑是好的,可惜的是现实中往往是徒弟对师傅的绝对服从和继承。几年下来,新教师成长过程中缺少了思考与研究,留下的是继承与照搬。这种现象的普遍存在是我国基础教育教学方式基本没有变化的一个重要原因。

要在"师徒结对"方式下形成教学研究的氛围,要研究"师傅"教学经验的道理所在,也要研究新教师可能的突破和创新点,我们的课堂教学水平才能得到快速发展。

对一线教师而言,教学研究的课题应该来自于或者说主要来自于自己的教学实践,来自于教学中遇到的问题和解决问题的策略、方法与手段。要研究教学中存在的优缺点的原因,多一些理性思维。如果这样,教学研究与教学实践就能够得到有机的统一,不再是教学研究与教学实践的分离。这方面还需要我们做更多的努力和尝试,本书介绍的基于学习力提升的课堂教学改革的实践工作,就是这样的一个典型案例。

(八)教学目标单一与教学评价单一

基础教育中存在的另一个重要问题，就是教学目标的单一，即教学的指向只是学生的学习成绩，而不是一个完整的人的发展的各个方面。教学目标单一的最主要原因是教学评价目标、方法和结论的单一。当对基础教育质量的评价只是按照考试成绩，只是按照升学的人数和重点学校的人数时，教学目标的单一现象就不可能避免。

我们一方面责怪我们的学生走上工作岗位时没有社会经验，什么都不懂，不会人际交往，缺乏合作精神和能力，缺少思变与创新能力。而我们的学校教育又有多少机会让学生在学校期间接触社会、了解社会，更谈不上分析社会和批判及设计社会问题的解决方案，如果有的话，也基本上是教师介绍下、家长看护下的这种社会实践。

"先考好成绩，上一所好学校再说"，是现在普遍存在于家长、教师和学生中的一种对待学校学习的思想。在我国"穷国家办大教育"、优质教育资源无法满足学生需求的情况下，这种思想的存在有其一定的合理性，但如果将学校教育功能仅限于"考好成绩、上好学校"，就显得过于功利。正是这种功利思想泛滥，才造成我们基础教育中"应试教育"的普遍和长期存在。它对我国基础教育的发展，对中华民族的伟大复兴事业是有很大的负面作用。也正因为如此，我国才从国家战略的高度，提出基础教育的课程改革。

(九)学校管理与学校文化

现代化的学校需要一整套科学的学校管理方式与方法。学校管理的科学性、高效性和适应性是学校管理的根本所在。学校管理的科学性源于学校管理的学科地位，源于学校的运作有其内在的规律，源于遵循这种规律的实际管理效果；学校管理的高效性是学校教育质量的高效性的体现与要求，也是学校现代化的一个标志；学校管理的适应性则是学校办学特色的灵魂所在，是根据学校的具体情况而进行的个性化管理的要求。

基础教育的学校管理中，存在的主要问题是"崇上""崇人"。"崇上"指上面有什么政策和要求，就照着办，没有就等待，没有主动地、因地制宜地去研究学校的管理问题。"崇人"指按照个人的意志或理解办学，而不是按照学校管理规律办学。当决策者的思想和意识符合学校管理规律时，就会看到比较好的结果；当决策者的思想和意思发生错误时，就会很大程度地影响学校的发展。这种现象特别明显地表现在"校长人事变化后，学校的整个办学风格发生全面变化"的个案之中。学校管理的章程是近几年针对这种现象而产生的一种比较好的方法，但现实执行的情况各地区、各学校之间差异很大。

学校管理带来的是学校文化建设问题。一个学校应该有自己的文化，这种文化是学校长期积累而成的，是学校特色的宝贵财富。综观国内外一些名校，无不十分注重学校文化建设，无不受到学校文化的影响，并在其毕业的学生身上可以找到这种学校文化的影响。但是，目前基础教育中，受到"应试教育"的影响，对学校文化建设不够重视，多数停留在口头和形式上，而且随人事变化而变化，甚至连"校训"也会随"换个校长"而发生变化。在一些学校中，长期的"应试教育""分数至上"也逐渐成为一种学校文化，如有的学校自称为"霉干菜"学校，其背后的意思是学校强调"苦读"，伴随着的是"死读书、读死书"，甚至提出"只要读不死，就往死里读"的校训与班训，这也可谓是一种学校文化。

（十）政府投入与社会支持

办学需要条件、需要投入。我国办学的主体是国家和地方政府。政府对教育的投入在很大程度上决定我国基础教育的存在与发展形态。我国是"穷国家办大教育"，政府对教育的投入近几年已经有很大的提升，在政府工作报告中就有专门规定教育投入必须占 GDP 总量的百分之多少。表明我国政府在认识上已经重视了对教育的投入，但是，与发达国家相比，我们的投入仍明显不足，特别是面对如此庞大的基础教育人数来说，这种投入的增加还需要更大幅度。

如何引入社会力量参与到基础教育的建设中，是弥补政府投入不足的一个好办法。很多地方办得比较好的往往是民办学校，在经济发展比较快的东部地区，这种社会力量办学的情况已经有比较长的时间了，也取得了较好的社会效果。

社会力量办学需要研究和总结，更需要从法律与制度层面进行规范与保障。需要强调的是，办学具有明显的公益性质，所以，以"盈利"为主要目的的"民办学校"，特别是各种"复习学校""补课学校""周末学校"必须加以限制与引导。这些学校的存在，在很大程度上加剧了"应试教育"对学生的"摧残"，影响了学校教育的价值观。

可能还有其他的问题和困境，我们这里列出的是具有普遍性的问题，各个学校面临的问题存在很大差异，每个学校存在问题的侧重点也不尽相同。同时需指出，我们谈问题并不是全面否定现行的学校教育，而只是为了强调课堂教学改革的实践的重要性。

这些问题之间相互交叉，并不独立，要解决这些问题，一定要通盘设计与对策，课堂教学范式的改变只是其中一个重要的环节。

二、学校教育的机遇

基础教育在面对很多挑战和困难的同时，也存在着很多机遇。正是这种机遇给基础教育的发展提供了方向和内在的动力，使基础教育改革和课堂教学面貌的改变提供了可能性。这些机遇，有的是我国社会发展过程中的必然，有的是全球性变化带来的，还有的是社会发展区域化给予的。认清机遇的存在，把握好存在的机遇，是促进我国基础教育快速发展的必要前提条件。

(一)全球性基础教育改革

进入 21 世纪后，随着全球政治格局、经济发展、信息化、文化交融、环境变化等一系列人类共同面对的形势，逐渐形成了对于教育的一些全球性共识，成为全球性基础教育改革发生的背景。

全球性基础教育改革面对共同的背景，因此产生了对于基础较改革的共同价值观和发展方向。

1.注重基础学习力的提高

终身学习、促进自我完善与发展（读、写、算能力和信息素养是未来公民的适应社会的基本前提），已经成为大家对基础教育的基本职能的共同认识。随着科学知识的快速增加，随着科学知识的不断更新，随着社会现象和社会问题的新型化，社会性知识也不断增加。学校中以知识与技能传授为主要目标已经无法实现。而且知识与技能的重要性，逐渐被获得知识与技能的内在能力所替代，提升学生的学习力成为大家的共识。对于基础教育而言，基本的学习力（尽管对其内涵的解释还没有达成一致）是构成未来公民的最基本素养。只有具备了较高的学习力的人，才能成为适应并引领未来社会发展的公民。

德国提出的学习力包括问题解决能力、迁移能力、灵活性、交际能力、合作能力、创造性能力、自主性和可信性。日本的解释是生存能力（儿童适应社会的一些基本的素质和技能以及伦理道德精神）。我们在后续章节中还将详细介绍学习的要素、学习力提升途径与策略等一系列内容。

2.创造性与开发思维的培养

"教育应该培养胸襟开阔、能够站在全球化视野考察问题并创造性地解决问题的公民，对别国文化的尊重、理解、认同和欣赏"，构成了全球性对教育应该这种培养学生创新性与思维开发的共同和认识。日本提出教育应该培养学生"以丰富的想象力、预见力为基础的，创造新思想、新方法的能力"。

　　思维品质的质量，创新思维与能力的高低是人的最高的教育价值观。人区别于动物，或者人在自然中的优势就是有一颗大脑，而脑的最基本功能就是思维。正是由于人类具有很好思维能力的大脑，才成为了地球的主宰者。思维品质的提升是学校教育价值的最重要的内在标准。

　　3. 信息素养的养成

　　社会的信息化和信息化社会已经成为每一个人面对的现实，不管你认识到了没有，社会的信息化已经存在于我们每一个人的社会活动之中。从浩瀚的信息海洋中获取必要的信息，已经成为每一人必须具备的能力。信息化能力的高低，已经成为衡量某一个人的整体素养高低的重要指标。

　　美国提出"要求所有学生学会使用信息技术和其他工具"，为他们未来走向信息化社会做好充分准备。英国则将信息技术改为信息与交流技术（information and communication technology，简称 ICT），学生可以运用 ICT 工具创造地发现、探究、分析、交换、提供信息，迅速从社区、文化中获得思想、经验。信息与交流技术的提出，不仅强调了信息技术的作用，还拓展了它的外延，更加明确了信息技术的交流功能，同时，也将人与人之间的交流成为一种素养和能力。日本的"信息科"为高中普通科的必修科目，以适应计算机、网络的普及所带来的信息社会的变化。

　　信息化的社会已经极大地影响着学校教育与教学，影响着学校教育的目标、教学方法、学习方式和评价方式。"碎片化学习"使得学生能够更加主动和有效地安排自己的学习时间和内容，更加灵活地开展适合于自己学习特点的方式进行学习；网络技术 Web 的应用，使得远程教育成为可能，促进了学习资源的利用和共享；信息化带来的信息获得的多样化途径，不仅使学生学习的资源和信息更加丰富，更重要的是使学生学会如何获得信息、处理与加工信息、利用和应用信息的能力。信息化使课堂教学中师生、学生之间的个体与集体交流成为可能，而且是更加高效、更加具有明确的目标指向。信息化使学校教育质量的监控和评估变得更加便捷和准确，使教育评估的促进功能得到更加程度上的发挥。

　　4. 强调价值观教育和道德教育

　　价值观教育和道德教育从学校产生开始就是学校教育的重要内容。只是不同的社会形态、社会文化、政治与经济条件、教育历史和办教育者的自身目的，存在着不同的价值观和道德观，也就是回答"教育为什么人服务"的问题。但是，不管价值观和道德观如何不同，强调价值观教育和道德观教育在各个国家的教育体制中历来处于重要的地位。

英国提出的学校教育的价值观和道德观包括"形成健康和公正民主、生产经济和可持续发展为基本目的的永恒价值，包括自身、家庭及相互关系，更广泛的群体、社会多样性及生存环境，真理、正义、诚信、责任感等美德"。日本提出的是"对美和自然的感受力，爱善憎恶、珍惜生命、尊重人权、理解和关怀他人以及参加志愿者活动等"。

从各国的教育价值观和道德观的表述中，尽管有比较大的个性化，但是一些共同的价值观和道德观已经成为学校教育的共识。

5.尊重学生经验、发展学生个性

随着社会分工的精细化和对人才标准的多元化，基于建构主义学习理论和多元智能理论的教学方式转变，使得学校教育与课堂教学越来越注重于学生的经验与体会，越来越注重于学生个人智能倾向。学校教育和课堂教学要尊重学生的经验，发展学生的个性，也就成为教育与教学的共识。

德国强调帮助学生形成成熟的对社会负责的个性，形成每一个学生独特的能力，树立社会责任感，建立民主社会理想，培养基本的价值观，参与文化活动，在职业和劳动界从事活动的责任。日本也提出尊重个性、重视个性发展的教育原则。

6.重视学科的综合与应用

最后一个共同的教育取向是重视学科的综合与应用。现在的社会中几乎找不到单一学科的知识与技能能够解决的问题，如果有，那个问题也是微不足道的。社会对复合型人才的需求，要求学校教育重视学科综合，重视学科综合后的知识与技能的应用。

各个国家都十分重视应用型人才的培养。在德国、美国和日本，自第二次世界大战以来就开始重视知识与技能对实际问题的解决，重视应用型人才的培养。他们在"二战"以后的经济快速发展，无一不是得益于对应用性知识与技能的重视，得益于相应人才的培养。正是这样的人才，保证了他们的产品在国际市场中的强大竞争力。

在重视基础性研究的前提下，各国越来越重视科学与技术向生产力的转变，只有将科学与技术转变成了社会发展的动力，才能更好地发挥科学与技术的作用，科学技术才能成为第一生产力。为此，从20世纪80年代开始，各国就已经建立并完善一系列的科学技术转化为生产力的法律与制度，鼓励科学技术向生产力的转化。最典型例子的是各国加强对"知识产权"的保护和利用。

在学科综合与应用中,如何理解科学、技术与社会的辩证关系是衡量 21 世纪公民素养的重要指标。在科学、技术快速发展,科学、技术越来越融入社会,对社会产生重大影响的今天,正确理解三者的辩证关系,形成正确的 STS 观,显得越来越重要。很多全球性的重大事件和危机的发生,其根源来自于人们的 STS 观。重视 STS 及其教育势必成为全球教育的一个目标取向。

国际性的基础教育价值取向,对我国的基础教育带来了深刻的影响,也提供了发展我国基础教育的机遇。

(二)我国基础教育改革

进入 21 世纪后,随着我国社会、经济、政治、文化、社会生活等快速发展和改善,为了完成中华民族伟大复兴的事业,同时与国际基础教育接轨,我国开始了一次影响深远、规模宏大的基础教育改革。

基础教育改革的总目标围绕着人的培养目标来设计和确定,回归到学校教育的本质上来,提出"全面贯彻党的教育方针,全面推进素质教育,体现时代要求;要使学生具有爱国主义、集体主义精神,热爱社会主义,继承和发扬中华民族的优良传统和革命传统;具有社会主义民主法制意识,遵守国家法律和社会公德;逐步形成正确的世界观、人生观、价值观;具有社会责任感,努力为人民服务;具有初步的创新精神、实践能力、科学和人文素养以及环境意识;具有适应终身学习的基础知识、基本技能和方法;具有健壮的体魄和良好的心理素质,养成健康的审美情趣和生活方式,成为有理想、有文化、有纪律的一代新人"的基础教育改革目标。

由于基础教育改革涉及面很广,要解决的问题还很多,不可能对这样一系列共同性问题进行一次性全面改革,所以,本次基础教育改革以课程改革作为抓手和突破口,通过基础教育课程改革,达到对基础教育整体的改革。

基础教育课程改革的具体目标是:

(1)改变过于注重知识传授的倾向,形成积极主动的学习态度,在获得基础知识和基本技能的同时学会学习,形成正确的价值观。

(2)改变课程结构中的学科本位、科目过多和缺乏整合的现象,调整课程门类和课时,设置综合课程,体现课程结构的均衡性、综合性和选择性。

(3)改变教学内容"难、繁、偏、旧"和过于注重课本知识的现状,使课程内容与学生生活、现代社会和科技发展相联系,关注学生的兴趣与经验,学会终身学习。

（4）改变接受学习、死记硬背、机械训练的教学方式，倡导学生主动参与、乐于探究、勤于动手，培养搜集和处理信息的能力、获取新知识的能力、分析和解决问题的能力以及交流与合作的能力。

（5）改变课程评价过分强调甄别与选拔的功能，发挥评价促进学生发展、教师提高和改进教学实践的功能。

（6）改变课程管理集中状况，实行国家、地方和学校的三级课程管理。

上述目标可见，基础教育课程改革的内容是针对基础教育中存在的一些最为关键、影响力最大、造成后果最严重的问题进行的改革；也是针对中国的基础教育现实情况，结合国际性基础教育改革的共性，进行的教育改革。

基础教育改革是国家决策，它从制度、条件、环境等多方面为我国基础教育发展提供了良好的机遇。作为一个有志于从事基础教育的人员，就应该积极投入到这样一场伟大的改革之中，并在改革中使自己的专业化水平得到发展和提升。

（三）浙江省深化课程改革

浙江省作为我国基础教育改革的先行省份，从 2006 年开始，积极推进基础教育改革工作，并取得了很多有全国性影响力的改革成果。到 2012 年，从浙江省的实际情况出发，浙江省政府又适时推出深化基础教育课程改革的举措。在原有的课程改革成果的基础上，提出"减总量、调结构、优方法、改评价、创条件"的总体思路，坚持有利于促进学生的个性发展，有利于培育普通高中的学校特色，有利于为国家培养各级各类合格人才的原则，加快选修课程建设，转变育人模式，将课程选择权交给学生，将课程开发权交给老师，把课程设置权交给学校，促进高中多样化、特色化，实现学生在共同基础上有个性的发展。

深化课程改革在明确改革目标，围绕学生发展的主题下，提出了以下具体要求：

（1）减少必修。将高中学段的必修课学分从 116 分减少到 96 分，以保证学生能够进行基于个性化的自主选择课程。同时，强调必修课程的二次开发和校本化，保证必修课程的质量，满足不同学校、不同学生的需求。

（2）增加选修。选修课程学分从 28 分增加到 48 分，并将选修课程分为知识拓展、职业技能、兴趣特长、社会实践共四类。选修课程学分和类型的增加，大大提高了学生对课程选择性和促进学生的个性化发展。

（3）全面实施选课制。学生可以根据兴趣特长和人生规划，自主选择选修模块、模块数量、修习年级，允许学生跨班、跨年级、跨校选课，允许学生到高校、中等职业学校、社会机构修习选修课程。学生学完一个模块，经考核或认定合格，即可获得相应学分。

（4）全面实行完全学分制和弹性学制。学生可在 2—4 年内完成普通高中学习。学生必修课程修满 96 学分，选修课程修满 48 学分（其中知识拓展类选修课程学分不超过 24 学分，社会实践类选修课程学分不超过 8 学分），总学分达到 144 学分，同时学业水平考试和综合素质评价达到规定要求，即可毕业。

（5）进一步扩大学校课程自主权。学校在确保每周课时总量不超过 34 课时，每学期开设思想政治、体育与健康、艺术等必修课程的前提下，可以自主制定课程开设计划，合理安排课时与教学进度，推进课程的多样化建设。

还提出了一系列深化普通高中课程改革的保障措施：建立普通高中学业水平考试制度；完善学生综合素质评价制度；完善高考招生制度；建立普通高中按学分收费制度；提升学校课程实施能力；强化深化课程改革所需的条件保障。

到 2014 年继续推出"深化义务教育课程改革"，提出了：完善课程体系与完善课程结构，义务教育课程分为基础性课程和拓展性课程（20%）；加强课程建设，拓展性课程包括知识拓展、体艺特长、实践活动三类课程，知识拓展类课程包括学科研究性学习、学科专题教育、地方历史和文化教育等课程，旨在拓展学生的知识面，激发学生的学习兴趣，体艺特长类课程，实践活动类课程包括信息技术、劳动技术、科技活动、调查探究、社会实践等课程，旨在引导学生探究自然、体验生活、了解社会，着重培养学生动手实践、科学探究、团结协作、服务社会的能力；改进课程实施；统筹课程实施，加强小学、初中、高中课程的相互衔接，强化德育课程，落实综合实践活动课程，增加课时安排的灵活性；变革教学方法，改进课堂教学方法，改革教学组织方式，广泛推进小班化教育，个别化教学，由学生自主选择的分层走班教学；加强信息技术在教学中的应用，积极推进基于现代教育技术和网络教育资源的新型教学模式，创设有利于个性化学习的开放性学习环境，促进信息技术和课堂教学的深度融合；改进作业布置和批改，精选作业内容，严格控制日作业总量和作业时间，增强作业的针对性、多样性和有效性，推广分层作业、个性化作业和实践性作业，合理使用各种批改形式，及时反馈学生作业情况。

深化基础教育课程改革的价值取向是回归学校的育人本质，而育人的标准是提供适合每一个学生发展的学习。所以，深化改革的特征就是"选择"，学校选择自己发展的方向和特色，学生选择适合自己的课程、选择适合自己职业取向的考试科目。

深化基础教育课程改革为浙江省基础教育改革提供了良好的机遇，使得基础教育能够改变"千校一面"的局面，从而保证为学生提供多元化的受教育机会和学习平台，也为基础教育的发展营造了良好的氛围。

第三节　现代学校教育本质观的解析

教育现代化是我国基础教育的发展方向，现代化的学校教育需要有很多现代化的标准，如办学规模、学校办学条件、学校管理制度、学校教学氛围、师生生活、学校文化、教师成长、学生成长、学校特色、学校功能与对区域性社会影响、国际化等。而且不同的学者在论述学校现代化时，研究的角度不同，提出的标准和具体指标也都不同，但是，所有的标准或者指标，都是基于对学校教育观本质的理解和解释。也就是说，学校教育观的本质性差异才是衡量现代学校教育的最根本性的基础，学校建设与发展的所有一切都源于对学校教育本质的认识。

对于现代学校教育观究竟是什么的问题，尽管存在不同的学术见解，但它们都包含着一些共同本质的认识。

一、学校的育人功能

学校的育人功能本身并不是学校现代化的产物，关键是培育怎么样的人的标准。现代化的时代需要具有现代素养的人，人的现代素养的体现才是学校发挥育人功能中现代的标志。

第一节中介绍的国际上基础教育改革的共同指向，在很大程度上已经可以说明现代化学校的学校育人本质的变化和发展。在强调共同的价值观和道德观教育，强调思维品质和创新能力这一人的最根本的特征，为适应信息化社会而要求的信息与交流技术的基础上，共同指向的是学生的学习，指向学生通过学习后的学业水平。而学生的学习，并不只是简单的、固有的、学科体系下的知识与技能的学习，更重要的是学生的学习习惯和学习方法、学生的学习途径，这就是学生的学习力。所谓"授之以鱼不如授之以渔"，而学生的学习力直接给出的"学生终身学习的能力"，具有鲜明的可持续发展的特征，绝对不只是"解题的能力"。在学习力中批判、质疑和创新成为最高的学习水平，而自主、合作、交流、竞争等成为学习的基本途径。

在这些共同的学校教育观基础上，各个国家、各个地区和各个学校有自己独特的教育观和人才观。具有中国特色的社会主义的建设接班人是我国普遍的学校教育人才标准，我国课程改革总目标中已经进行了系统全面地描述，"培养什么人的问题是一个首要的问题"，中国现代化进程中对未来人才的要求，成为学校教育必须完成的任务。

面对基础教育的现实情况，围绕着"学科分数"的教育已经充斥学校二三十年，对学校教育的育人功能发挥产生的负面作用，已经影响到我国未来现代化建设人才的大问题。所以，我们说本次基础教育课程改革，实际上是对我国学校教育本质的重新界定、强调，是学校教育本质的回归。

育人，应该培育一个完整的人、高素质的人。他们应该有为中华民族伟大复兴做贡献的理想和信仰，有优秀公民的基本道德规范，有担当和责任感，善于合作乐于合作，健康的心态与体魄，参与社会建设的基本能力，正确进行个人决策并能够在生活中得到乐趣、享受生活的人。育人，应该培育的是具有个性的社会人，能够正确处理个性和社会共性之间的关系，能够在社会大家庭中发挥好自己的个性。育人，应该培养有创新思维和创新能力的人，能够为社会的发展贡献自己的智慧和力量的人。育人，应该是一个国际性的优秀公民，在全球化的背景下，积极投入到国际事务、关心国际时事，能够与其他国家的人员开展有效的合作，能够尊重多元文化和其他民族文化特征与习惯的人。要彻底改变学校教育中只重视知识与技能教学，只重视学科分数的局面，使我们的学生少一些"低头族""宅男宅女"，少一些自私没有责任感的人。

二、学校中民主与平等

民主与平等是人类社会所追求的理想，学校的社会属性决定了学校教育中必须强调民主与平等。在学校的民主与平等环境中成长起来的人们，走上社会后才能在社会中倡导和践行民主与平等，才能实现民主与平等的社会理想。

除了将民主与平等作为学校培养指标外，我们更加强调的是学校中民主与平等学习氛围的建设，对学生学业水平的提升，对学生学习力的发展的重要性。

现代学校中的民主与平等首先是体现在学校中每一个人的人格上的，是发自内心地对他人的尊重和对自己权益的维护与追求。我们应该承认，学校中有分工，每一个人工作和职责不一样，他们在某一方面具有的权力也会不一样。这种权力的大小是与他们所要承担的责任大小相一致，学校校长对学校的各个方面都承担着责任，所以校长在学校中的权力就应该最大。同时，学校中师生的个人经历和社会经验的不同，在处理和解决某些具体问题时，也会出现"服从"与"尊重"的现象；在学校活动中，还会出现个人服从于集体的现象，少数服从多数的现象。这种服从不是非民主和平等的表现，因为它们的存在是为了学校发展，当然也是为了学生的发展，它们的存在恰恰反映出学校的民主和平等。所以，如何理解学校民主和平等，如何区分民主化与自由化，是学校民主和平等体现的前提条件。

现代学校的民主和平等表现在对学校师生的人格尊重，不管其学习成绩如何，不管其思维能力高低，不管其在集体中的地位如何，在学习过程中，都应该享有平等的机会，有平等的发表自己见解的机会，有申辩和坚持自己观点的权利。在课堂教学中，师生的平等、学生间的平等是民主班级的平等学习环境的关键。如何对待哪些答错了问题的同学，如何对待成绩低下的同学，如何尊重不同学生的不同智能差异，做到"因材施教"，都是课堂教学中民主与平等的体现。要坚决抵制与根除"体罚"与"变相体罚"，抵制与根除学生之间的歧视，实现教育公平。在义务教育阶段，特别强调"面向全体学生""一切为了每一个学生的发展"，就是现代学校中民主与平等观念的体现。

三、学校文化与办学特色

学校文化是学校的灵魂，是学校在长期发展中逐渐形成的、代表学校品性的文明与开化程度。现代化的学校中，引入现代文化的精髓，结合自己原有的文化，形成能够区别于其他学校的办学特色。

我国一些中小学"百年老校"，都具有鲜明的学校文化特色，这种学校文化影响着学校中的每一个学子，在每一代学子身上留下深深的烙印。同样，学校中师生的学习过程中的创新，学生在社会中的成就，反过来促进学校文化的发展，推动着学校文化向着更加现代化的方向发展。

现代文明与开化在学校中的影响程度，成为现代学校文化建设中的标志。例如，现代社会进入了信息化时代，信息与交流技术已经成为现代公民的基本素养，但是，如果我们的学校中，以防止学生上网游戏成瘾为由，禁止学生在学校中使用现代化通信工具,这种"因噎废食"的做法,就会阻碍学校文化的建设。再如,现代社会崇尚法治,进入法治社会为文明社会的标志,而学校管理中,没有建立科学的学校章程,或者不按照学校章程办事,而是按照学校领导的意志进行决策,那么,在很大程度上说明这些学校的学校文化建设水平低下。所以,当我们在学校中强调学校文化建设时,绝对不应只是搞一些形式上的活动,停留在"以音体美为代表"的所谓文化建设上。我们现在不少学校一谈到学校文化建设,就是搞大型歌咏比赛,搞诗歌朗诵,搞书法画画,搞体育健美,或者是思想教育、学生行为规范、流动红旗等等。停留在形式上的学校文化建设在一定程度能够起到作用,但是,只强调形式,而内容空洞的文化建设,会影响学校文化的发展,造成师生对学校文化的误解、曲解。其实,学校文化存在于学校的各个方面,存在于各项工作之中,当然更多地存在于课堂教学之中,存在于学科教学的过程之中,所谓班风、学风就是班级文化建设的主要内涵,是学校文化的组成部分。学校文化具有很强的"隐性"特征,这种"隐性"特征存在于学校师生的共同行为之中,需要从学校的日常活动中提炼,需要落实到具体工作中。学校文化的"隐性"特征,加上学校文化建设的形式主义,是我们基础教育中学校文化建设水平不高的原因。

四、学校管理与决策

学校管理是一门学科,具有内在的逻辑与规律的。学校管理和决策的科学性,是现代化学校的指标。

学校管理与决策的科学性是指学校管理过程和决策过程中,能够按照现代学校运行的内在逻辑与规律,而不是按照人为意志和领导决断。能够按照学校规律办事,在字面上很容易接受,但在实际操作过程中,由于我国长期的官本位主义影响,以及所形成的"官文化"对学校带来的影响,学校决策可能会不知不觉地进入人为作用和领导说了算的情况。我国基础教育中有"集体领导"的机制,也有"教职工代表会议"的机制,但在实际的学校管理中,这些机制往往不能发挥很好的作用。

为了使学校管理和决策的科学化,更加符合现代化学校的特征,我国正在推行中小学学校章程的制度。经过广泛讨论和论证,经过"教职工代表大会"通过的学校章程,成为学校管理中的最高章程。按照这个章程,学校不管发生怎样的认识变化,学校的基本管理制度不会发生根本性的变化。加强学校管理和决策的科学性,体现学校办学的现代化,我们的基础教育任重道远。

五、学校开放与国际化

我国近 40 年的快速发展的民族振兴进程，始终包含着两个关键词——"改革""开放"。"改革"是针对我国自身的体制和结构性矛盾而言，是调整自身内在的运行；"开放"是面向外部的国际性的政策调整，是沟通、交流与合作机制的重新建构。学校的发展同样要进行内部各要素的改革，理顺各要素之间的关系，促进学校运行的高效性。学校发展还需要开放，过去那种闭门教学的"象牙塔"式的学习环境，已经成为学生成长的阻碍。

学校的开放包括学校之间、学校与社会以及国际化。学校之间的交流、开放尽管还存在由于升学竞争而相对保守的现象，但总体来说还是运行的比较好的。在教育主管部门的引领下，通过校际交流，促进教学经验的交流和提升，特别是实施课程改革以来，各地学校之间出现了各种"学校联盟"，他们或崇尚相同的教育理念，或研究与实践相同的教学模式，交流课程改革的实践中的各种经验与教训，实现了共同提高的目的。这种"学校联盟"已经或正在起到对课程改革推进的积极作用。学校与社会的联系也在一定程度上得到加强，学校在当地社会中的影响力提升，受到当地社会的关注度提升。特别是"家校联系"在基础教育中受到了重视，一些学校"家长委员会"直接参与学校管理，如浙江省嘉善高级中学，有家长委员会安排家长参与学生晚自习的管理，家长可以看到自己的孩子在学校中的学习情况，能够更好地配合学校对学生的引导和帮助。

世纪交替之际，一些学校开始寻求学校办学的国际化，加强了国际之间的学校交流，学习和借鉴国外先进的办学理念和方法，引进外教直接参与一线教学工作。近几年还出现不少学校直接与国外学校联合办学、相互交流学生，甚至直接保送出国读大学。这些国际化的机制的形成，本身就是我国基础教育走向现代化的重要标志。

在国际化的环节中，我们想强调的是国际化过程中最重要的不是形式或组织机构，而是具备国际视野的学校教育理念，具备国际化水平的学校管理机制，具备国际化的课堂教学形态。这些隐含在国际化机制和组织形式背后的东西，才是可持续发展的国际化进程所必需的保障。国际化的目的还是学校的现代化，还是为了学生发展提供更多的有益的学习资源和学习平台。

第二章　学习本质的重新认识

　　"什么是学习"的问题，一直以来受到教育研究者和教育实践者的重视，在不同的历史时期和背景下，他们对学习本质有着不同的解释。在不同的学习本质观的指导下，出现了各种各样的学习形态和学习方法。也就是说，学习本质观直接影响对学生学习的引导，直接影响学生的学习习惯与方法的养成，直接影响学生的学习效果。重新阐述、分析我们对学习本质的认识，能够帮助读者更好地理解后续介绍的基于学习力提升的课堂教学改革与实践。

第一节　学习理论指导下的学习本质

　　学习理论历来是教育学和教学心理学研究的重要领域，也有丰硕成果。每一种学习理论都是在理论与实践研究的基础上提出来的，其背后都隐含着对学习本质的认识，也为学生的学习提出相应的学习策略与方法。但是，每一种学习理论都是从一个特定的角度对学习机制进行研究和阐释，不可能对学习这样一个复杂的思维过程进行全面的解释，因此，我们在学习和应用学习理论时必须知道其学习的本质观，知道其针对的对象和条件，知道其适用于或不适用哪些学习领域。学习理论数量很多，本节只介绍与本书阐述的内容关系相对紧密的学习理论，在每一种学习理论的分析时，阐述我们的理解，介绍根据这样的理解在课堂教学实践中的相关教与学的行为与措施。必须说明的是，我们以下介绍的不是学习理论的内涵和论述，甚至找不到该理论的定义，而只是介绍某种学习理论的学习本质观及对教与学的指导。

　　1. 建构主义学习理论

　　建构主义强调教学不是通过教师向学生单向传递知识就可以完成的，知识也不是通过教师传授而得到的，而是学习者在一定的情境即社会文化背景下,根据自己的经验背景,借助于其他人(包括教师和教学伙伴)的帮助,利用必要的教学资料,主动对新知识进行选择、加工和处理,通过意义建构的方式而获得的。也就是说学习是一个主动建构内部心理表征的动态生成过程。这一过程中学生是学习的主体,教师是学生学习的引导者、辅助者、资料者、提供者。教师要做的是创设或者利用各种情境,帮助学生利用先前的知识与已有的经验在当前情境中进行学习和认知。

教学是激发学生建构知识的过程,体现为合作、探究的方式。教学要能引导学生主动参与知识的学习,一方面使学生面对问题情境,刺激他们思考、探究,另一方面营造人际互动、互助的情境,让学生学会在合作中学习。学生的学习不仅限于教科书,整个社会文化以及学生在生活中的所有问题和情境都有助于学生的学习和知识建构。其核心思想可以概括为:以学生为中心,强调学生对知识的主动探索、主动发现和对所学知识意义的主动建构。为了更好地揭示建构教学的本质,建构主义思想家们提出了教学过程必须要具备教学情境、协作共享、对话交流、意义建构这四个基本要素。

根据建构主义学习理论的观点,知识是学生主动建构的,而不是仅凭教师传授讲解传递给学生的。学生是学习过程的主体,学生必须要主动参与到学习中来。教师通过建立一个民主、宽松的教学环境,创设不同的教学情境,引导学生要把当前学习内容和自己已有的知识相联系,并对这种联系加以认真地思考,提出各种设想并努力加以验证。同时要重视学习活动中师生之间和学生之间的协作和交往,鼓励学生自主学习、小组合作、小组协商。同时要在过程中不断地反思、总结,不断协调自己的学习行为,提高学习能力,最终促进学生的认知发展。建构主义所主张的"知识是主动建构的"观点,所强调的"学习环境"和"合作学习",为在农村中学实施小组合作式课堂以提升学生学习力这一研究提供了理论基础。

2.学习金字塔理论

"学习金字塔"最早由美国学者爱德加·戴尔于1946年发现并提出。美国缅因州国家训练实验室后来提出学习金字塔理论,它用数学模型显示了学习者采用不同的学习方式后的记忆效果。得到的结果是:以"听讲"的学习方式,学习效率最低,两周后仅记住5%。"阅读""声音、图片""示范、演示"记住的分别为10%、20%和30%。这几种学习效率较低,都属于个人或被动学习。"小组讨论"可记住50%,"实际演练、做中学"可记住的内容达75%。"马上应用、教别人",可记住的内容高达90%。这三种学习效率较高,都是团队学习、主动学习、合作学习或参与式学习。

　　学习金字塔理论说明在传统的讲授式、灌输式教学中,学生作为知识的接受者,并不能真正地主动内化知识,从而导致学习效率低下,学生的学习能力较差。而讨论、活动、应用等主动的学习方式则能够弥补讲授式教学中学生主体缺乏、主观能动性缺失的弊端,有效提高学生的学习能力和学习效率。也就是说学习金字塔理论认为小组合作式课堂及自主、合作、探究的学生学习方式是提高学生学习效率的重要途径。

　　根据学习金字塔理论,我们在课堂教学改革的实践中,要注重不同学习方式对学生学习效果的影响程度,选择合适的学习方式在课堂教学实践中达到学习的高效率。要注重学习方式方法的有机组合,发挥不同学习方式方法在不同学习任务中的作用。参与是学习金字塔理论对学习的核心解释。

　　3.终身教育理论

　　1965 年,保罗·朗格朗在《终身教育展望》中提出了任何年龄阶段的所有人都应该得到学习机会的思想。1972 年,《学会生存》一书中提出,未来社会是一个学习化的社会,要为生存而学习。从对教育的看法上,终身教育理论认为,教育是一个统一的连续不断的过程,并不随着学校学习的结束而结束,而应该贯穿于个体生命的全部过程。在教育目的上,终身教育不以获取知识为主要目标,而是把重点放在个人的发展上,使未来的成人掌握自我表达和与别人交流的方法;主要应该强调的是掌握语言,发展注意和观察的能力,知道怎样和在哪获得信息,以及与他人合作的能力。朗格朗提出学校教育要发展学生的思考能力、组织工作能力、分析和综合能力,这比向学生进行单纯地知识传递重要得多。终身教育还强调人的个性发展,认为必须从学习者本人的实际出发,让学习者根据自己的发展要求和兴趣,自主地选择教育,主动地成为教育对象,即强调教育要遵循兴趣原理。终身教育论者在教学方法上提出自我教育、小组学习方法、创造性和非指导性方法。教育要向一切人提供学习机会,应把每个人的智慧、技能和知识集中起来,以达到共同获得知识的目的。在小组合作学习中,学习者通过有目的、有组织的讨论和交流,能够提高学习效率和学习效果。

　　终身教育是飞速发展的时代向我们提出的要求。一个人在校期间学到的知识是有限的,而现今社会,信息知识更新频繁,科学技术发展迅猛,我们的生存环境和生存方式也在不断发生变化,这就需要我们通过持续不断的学习,以提高对新环境的应对能力。初中阶段的教育目标是培养全面发展的人,为学生终身学习、应对现今社会和未来的挑战奠定基础。终身教育论者提出的自我教育、小组学习方法、创造性以及教育要遵循兴趣原理等教育方法,对初中阶段的教学具有重要的指导意义。在教学中采用小组合作的方式,使得课堂主体从教师转向学生;课堂关注从"教师如何教"转向"学生如何学";学生的学习方式从被动地接受知识转变为以小组为单位主动地探求知识,从竞争型的独立学习转变为互助型的合作学习。这样的学习方式不仅使学生学到了知识,更重要的是使学生掌握学习方法,提高学习能力,从而有效地进行终身学习。良好的学习习惯的养成、适合自身的高效率的学习方法的掌握,是学生具备终身学习能力的最关键的两个要素,在课堂教学改革的实践中,我们花了比较多的时间和精力来帮助学生具备这两个终身学习的要素。

4.学习交往属性理论

教学是一种特殊的认识过程和交往过程。教学交往属性理论认为"教学过程的本质由两种根本关系决定:交往关系(主体—主体)和认识关系(主体—客体)"。然而,长期以来,人们对教学过程的理解仅限于后者,而忽视了教学过程中的交往属性。随着对学生社会交往与合作能力的重视,人们才逐渐认识到教学是一个人与人相互作用的系统,是师生,或学生之间发生交往的过程。只有在交往中,才能谈得上传道授业,诸如传授知识、掌握技能、养成规范乃至发展个性等。交往不只是手段、途径,它还是教学存在的本身。

该理论支持师生,特别是学生之间交往密切的教学模式,认为通过面对面地直接交往更加能够培养学生的综合能力。要使教学交往尽可能充分和完整,应该尽量多地采用师生或学生间的直接交往,尤其是学生小组内的直接交往。小组合作式课堂正是一种强调学生之间、师生之间有目的的主动交往的过程。通过人与人之间的相互作用和合作交流达成获得知识与技能,掌握过程与方法,体会情感、态度与价值观的三维目标,提高学生的学习力。

学习需要交往,在交往过程学习,是关于学习特别是合作学习的基本观点。需要强调的是,这种交往过程中每一个人员,首先是人格上的平等,在交往过程中民主氛围创设。只有在平等、民主的氛围中才能完成学习中的交往,才能在师生及学生之间的交往中学习。在小组合作学习过程中,小组成员的平等必须在一开始就得保障,小组成员之间只有分工的差异,没有人格上的贵贱高低。在课堂教学或家庭学习中,同样是老师与学生的平等、家长与孩子的平等,只有平等才能实现有效交往,达到有效学习。我们在课堂教学改革的实践中,同样花了较多的时间和精力来实现平等民主的小组建设,实现课堂教学中师生平等与"双主体",实现家庭学习中的良好学习氛围。

5.最近发展区理论

最近发展区理论是由前苏联著名教育心理学家维果斯基提出的。该理论认为儿童的发展有两种水平。第一种水平是现有的发展水平，即儿童在没有成人的帮助下通过自己的努力可以达到的水平；第二种水平是潜在的发展水平，即儿童在成人的指导和帮助下，通过模仿他人、参与集体活动以及自己的努力才能达到的水平。儿童的第一种发展水平与第二种发展水平之间的距离就是最近发展区。所以，教学应当着眼于学生的最近发展区，并不断创造最近发展区，使学生的发展水平不断向前推进。

传统教学往往采用先教后学的形式，这就会造成有些学生可以独立学会的教学内容由教师直接传授给学生，如此越俎代庖学生就会失去宝贵的自主学习的机会。

根据最近发展区理论，在课堂教学改革与实践中，应注意以下两点。第一，教师要分析学生已有知识储备情况，学生学习能力和学生的认知特点，了解学生现有发展水平和潜在发展水平，进而确定学生的最近发展区，为教学设计打下基础。第二，教学内容的选择和课堂讨论主题的确定不仅需要以课程标准和教材为依据，还需要考虑到学生的最近发展区，避免学习任务过难或过易。过难，教学落在最近发展区之外，大部分学生难以达到潜在的发展水平，影响学习动机；过易，教学则起不到推进学生最近发展区的作用。所以，无论是课外还是课内环节，教师都不应该提出大量抽象问题，而是应当将教学内容设置在情境之中，通过师生互动和学生之间互动，帮助和启发学生解决问题。

最近发展区学习理论还告诉我们，在班级中面对不同学习水平的学生，要尽可能地设计出不同程度的学习水平要求，给每一个学生都能够提供适合自己学习的目标要求。尽管在大班教学的背景下，要求教师对每一个学生制定适合的学习计划和方案，确定不同的学习任务和作业，进行不同的评价是有困难的，甚至是不可能实施的，但是在我们的教学改革实践中进行"分层教学"、"学生说题"、"学案分级"等，都是对该学习理论的有益尝试。

新近在国内广为推行的学习进阶理论，也是基于学生的学习基础而进行教学设计的理论。根据学习进阶理论，学生从起点到终点的学习过程是可以分成许多个进阶的，学生必须在完成较低的进阶后，才能有可能实现较高进阶，就像楼梯的每一个阶梯一样，下一个阶梯是上一个阶梯的基础，不可能进行大幅度的、跨越式的学习。这里的学习阶梯实际上就是学生的学习基础,学生可能达到的学习水平。不同学习基础的学生所能够达到的新的学习水平是不一样的。我们的课堂教学中一定要照顾到学生的学习基础,促进学生最近发展区的前移。

6.元认知

20 世纪 70 年代,美国心理学家 Flavell 首先提出元认知概念。Flavell 认为,元认知就是关于认知的认知。其中包括主体对当前正在发生的认知过程和自我的认知能力以及两者相互作用的认知。

元认知水平包括元认知知识、元认知体验和元认知监控。元认知知识是指主体通过经验积累起来的关于认知活动的一般性知识,即对影响认知活动的因素以及各因素之间相互作用的认识,包括认知主体的知识、认知任务的知识、认知策略的知识三部分。元认知体验指伴随认知活动而产生的情感体验,包括知和不知的体验。情感体验既可能发生在认知活动之前,也可能发生在认知活动之后。元认知监控指人们能够积极自觉地对认知活动进行监视、控制和调节,包括选择、评价和修正认知策略。包括制定计划、实际控制、检查结果、采取补救措施四个步骤。元认知监控是元认知的最高水平。

元认知理论告诉我们,学生需要对自己的学习行为、学习过程进行重新认识,能够自觉地对自己的学习进行反思和评价,确定下一步的学习计划。我们强调元认知能力的提升,并不是单纯地对学生进行元认知的训练,而是通过元认知训练,帮助学生形成元认知监控能力,形成元认知的习惯。这种习惯的养成是学生终身学习能力的重要组成部分,也是学习力中的关键要素。在接下来介绍的基于学习力提升的课堂教学改革的实践中,也是重点,我们十分重视学生的学习习惯和学习方法的培养,它是自主课堂、自主学习的前提条件。我们的课堂教学、学校教育安排中,必须要给学生留下足够的"自我反思"的时间与空间,那种把学校中的时间全部排满甚至连自习课也变成了老师的讲课时间的做法是不正确的。过去我们总是担心"没有老师的学习,学生就不自觉,学习效果就差",结果是学生失去了更加重要的元认知能力,不仅影响现在的学习,还将影响未来的学习和终身学习。

现代教学理论还有很多,比如在面向全体学生理念的落实中,除了最近发展区理论外,还应用了多元智能理论,在有关学习评价中也应用了其他相关的教学理论。

第二节 基础教育中关于学习的问题

关于学习，我们还是有必要从学习理论与机制角度，对基础教育中存在的一些妨碍学生学习效果的情况与问题进行剖析，目的是为了更好地说明后续的课堂教学改革的实践，为了一线教师在教学过程能够从学习机制出发，引导学生学习，为学生学习创设良好的环境。

一、教师的问题

在学校教育中，由于教师的特殊地位和作用，教师的言行对学生的影响是最大的，教师对学习的认识上的问题，可能会直接影响学生的学习行为和学习结果，影响学生终身学习能力的发展。

1. 教学"权威"

学生在学校的学习是知识与技能学习，而事实上教师比学生学科知识与技能更加丰富，教师在课堂教学中就是传授被认为是"绝对真理"的知识与技能，学生对某一个现象的解释与理解都以教师的观点为正确答案。久而久之，教师对学生而言的"权威"就形成了。加上传统教育中的"师道尊严""一日为师终身为父"等观念的影响和渗透，学生对教师绝对服从成为基础教育中"正常"的事情，如果课堂教学中有学生不按照教师的安排进行学习活动，就被认为"捣蛋""不可接受"。如果课堂教学中学生"活跃过度"，也会被认为是"不正常现象"，上课的教师还可能被定为"课堂纪律都不能维持""教学能力低下"。

这种理念下的课堂教学和学校教育中，学生都努力争做"听老师话的乖孩子"，老师也喜欢那些"听话的乖孩子"。如果个性比较强，有自己独立思考或者有质疑与批判思维的学生，在这样的学习环境中，很可能被列为"不遵守纪律""不规矩"的学生，如果该学生学习成绩还好，那"日子还好过一点"，顶多被说成"骄傲、不够谦虚"；如果成绩不好，那就是"不可救药的坏孩子"，容易被教师和班级同学所排挤。在课堂教学中如果多次不听话，就可能被赶出教室，受到体罚和人格侮辱。

这种教师在教学中"权威"现象，从教育与学习两个本质看，一是违反"平等、民主"的教育观，没有将学生看成为学习的主体，师生交往发生了不够正常的现象；二是将学习当成是知识的"输送"，知识的传授是"灌输式"

的，是对"真理的传授"。这种教条式的教学方式在基础教育中普遍存在，严重影响学生主动学习，影响学习效果，影响学生学习力的发展。

2. "代替"学生学习

不少教师出于对学生负责任的态度，往往根据自己对学科内容的理解和判断，帮助学生安排学习，甚至包括学生学习的所有过程和内容。学生只要按照教师安排的学习任务，完成好这些学习任务，就已经算达成了学习的目标。这种"代替"学生学习的情况，违背了学习机制中学习是人脑中自身加工的过程，需要每一个学生根据自己原有的知识与经验，将新信息进行整合加工，形成新的概念和认识的解释。"代替"学生学习不仅使学生没有自主学习的机会，使学习失去主动性，也容易产生对学习的兴趣、不感兴趣，因而没有了学习的内动力。学习"不是学生自己的事情"，长期处于被动学习的环境中，是目前对学生学习造成障碍的最重要因素之一。由于不需要安排自己的学习，学习习惯上就成了"有任务就学习，没有任务就不需要学习"，或者"想学习，但不知道该怎样学习"。这种情况一直到大学学习阶段和研究生学习阶段都不是少数，高考分数或研究生考试分数都很不错的学生，当导师给一个主题、一个方向，要求他们自己来选择研究课题，设计研究方案时，感受的困难和无助是很难用语言来形容的。所以，"代替"学习不仅影响中小学生当前的学习，更会影响学生未来的学习、终身学习。

3. 学习方法教育的缺失

在长期的"应试教育"环境下，学校教育与课堂教学基本上关注的是学生解题的正确性。而且，对于解题也基本上以寻找正确答案为主要目的，错了再进行重复练习。这种"像杂技团训练动物进行学习"一样的"纠误法"，其实是接近于"条件反射"最原始的学习。其实，即使是为了学会解题，也是有多种方法的，也是有学习的效率问题的。

学习方法教育的缺失，一方面是由于教师对学习方法教育的重视程度不够，对学习方法在学习过程中的作用的认识程度不够；另一方面，我们的不少教师自身对学习方法的理解和掌握的也并不多，加上教学实践中的现实，和长期存在的教学研究工作的缺位，老师们已经习以为常地认为自己现在的教学方法是好的，不需要改了，不需要研究了。"所谓，君不见我今年的学生考得有多好"，一些所谓的"名师"常见的"口头禅"，基本上没有提升和改进教学方法的意识与愿望，几十年如一日，含辛茹苦、苦学苦教，乐此不疲。这种观点在教师继续教育的培训中经常可以听到，对新的教学方法的抵触情绪之强烈、对新的教学观念接受的抗拒，使人难以想象他们如何对学生进行教育的。

对学生学习方法教育缺失的基本理由之一是"没有时间""影响教学进度"。将学习内容的教学与学习方法的教学相脱离或对立，似乎要单独在时间对学生专门开设"学习方法教育课程"才能进行学习方法的教育，殊不知在教师教学和学生学习活动中就有学习方法的潜移默化的存在。理由之二是说"那是理论的东西""空对空"，将一切新的东西都称之为理论，并将理论与实践对立起来，有的甚至于强加说"理论没有办法实践"，这种只凭教学经验、不愿意知道"为什么怎样教或学"的现象普遍存在，并严重影响教学效率的提高。其理由之三是"如果改变了，学生成绩差了怎么办"，将影响学生学习成绩作为不愿意改进教与学的方法的理由，殊不知，改变教学方法应该有三种可能，学习成绩变差了、学习成绩没有变、学习成绩变好了。为什么只是强调"成绩变差"这一种情况呢，更何况如果真的变差了，也可以通过研究与分析找到原因，并进行再次改进。所以，我们说，真正的理由只有一个，那就是"大家不愿意变，不愿意研究教学方法，不愿意寻找更好的教学方法"。教师这种观点不可避免地会影响到学生，影响到学生对学习方法的掌握。

二、家长的问题

1. 家长的"欲望"

家长对孩子的期望和要求是无可厚非的，每一个家长对自己的孩子总是会有美好的期望的。但是，在现在社会中比较普遍的是家长对自己孩子的这种期望"无节制"，将希望变成了"欲望""奢望"。总是觉得别人的孩子能够如何如何，自己的孩子也必须是这样子的，甚至比别人的更加好。没有从孩子的实际情况，没有发现和寻找孩子的长处与特长，而是用社会上"统一的标准"来要求。这样的现象存在的普遍性，使得我们将其归为家长对孩子的"首要问题"。

如何发现孩子的优点和长处，并加以培养，使其成为孩子的特长，是家长们需要认真思考和面对的问题。"给孩子找一个适合学习的学校"，对于大多数孩子来说，学校的学习过程是为未来走向社会谋生而打基础的过程，成名成家的只是少数（心理学的观点是占 3%），而且，社会对人才的标准和需求也是多元的，我们不可以绝对地说"特级厨师比科学家差"，每一个人在未来的社会中都需要找到自己的人生价值。现在的"择校""择班级"并不是明智之举。

家长的"欲望"还表现在"不善于表扬孩子、夸孩子"，一个学习基础比较差的学生，一次考试中有了很大进步，我们的家长总是不满意，不愿意说"孩子你考得很好了，我很满意"，而是容易说"还差3分就满分了"，"中考（或高考）差这3分就差好多名次"，家长的这种无止境的要求，对学生的学习积极性的打击是很严重的。"反正我怎么努力，你们都不会满意的"已经是现在学生中的一种普遍地对待家长的看法。更有家长将自己当初实现不了的愿望"强加"到孩子的头上。

为了实现家长的这种"欲望"，家长替代了学生的生活自理，采用"全部包干""除了学习，什么事都不要做"，以至于到了大学学习时，不少学生发生生活自理、人际交往等多方面的困难。

2. 家长的"不负责任"

我将家长的另外一种表现扣上"不负责任"的帽子，主要变现为"委托式"和"粗暴式"两种行为。"委托式"家庭学习十分普遍，就是将家庭学习简单地变成"花钱请家教"。本来应该是家长承担的任务（主要不是辅导，而是关注、交流），推给了"为了赚钱来做家教"的人，一个陌生的人。家庭学习中家长与孩子的交流十分重要，使孩子懂得"爸、妈很重视你的学习与进步""在家里，你的学习有大家在关心"。一种温暖的学习环境，对学生的家庭学习的效果十分重要。将孩子家庭学习的任务"全权委托"给家教，自己去"做生意、"搓麻将"是不可取的、有害的。

"粗暴式"家庭学习就是家长在家庭学习中采用的方法问题，不是耐心地与孩子交流沟通、倾听孩子的看法，而是没有调查，没有理解的简单，粗暴的提要求。"作业做好了吗？""还看电视、或又看电视了""某某都怎么怎么了""又不专心""不要……"，总之，全部是"命令式"的话语。更有甚者，为了一次学习成绩不为而实施"家庭暴力"。家庭学习中的不民主、不平等，不仅影响着孩子的学习成绩，还会影响孩子的身心健康。

三、学生的问题

1. 学习为了什么

学习目的性不够明确，或者说学习目的过于单一，是学生学习中最为优先需要解决的问题。为什么学习的问题关系到学生的学习动机和学习动力。任何一个人，如果没有明确的动机，就不可能有持续的、主动的做事行为。长期处于学习动机不明确的状态，容易造成"厌学"。如果学习不是自己的事情，学生就不可能主动地认识学习、安排学习、反思学习和改良学习。当没有外界的学习任务时，他们不可能自己去寻找学习内容、安排学习进程。

学习的目的性不够明确，除了学生自身的原因外，很大程度上受到学习任务过重，作业过多的影响，还由于学习过程由老师安排，学生不需要也没有机会去安排自己的学习。长此以往，"学习为了什么"就成为一个问题。"跟着学"已经成为基础教育中学生必须改变的学习状态。

2. 信息化下的"碎片化学习"

在信息化环境中，利用现代的信息与交流技术，开展有意学习，是一件关乎学生学习的大事。现在学校教育和课堂教学中，信息技术的使用比较普遍，问题在于信息技术应用于学习过程，是按照老师的预先设计来进行的，学生利用什么信息技术，选择怎样的学习环境和学习条件，基本上由老师说了算。这样，多数课堂中信息技术基本上停留在"展示"的功能，甚至还停留在"替代板书"的水平。信息技术的普遍使用和信息技术使用效果不高的矛盾，普遍存在于基础教育之中。

信息技术对于学生的学习而言，除了学习资料的使用等大家比较熟悉的作用外，就是如何开展"碎片化"学习。就是将学生的短、小、杂的学习机会很好地利用起来，并根据学生自己的学习习惯和学习爱好，安排学习时间，创设学习环境，交流学习心得与体会。

3. 学习方法的单一

以"纠误"与重复练习为主要学习途径，是现在基础教育中学生学习方法单一的基本形态。由于处于一种被动的学习环境之中，学习什么、学习多少都必须听从于老师的安排，而老师基本上是通过作业和作业量来控制学生的学习。"纠误"与重复练习的学习途径已经被教师、学生、家长普遍接受。一旦某一天学生的作业少一点，家长就会"纠结"，就会认为是"老师不负责、不认真"，那些整天给学生做不完的作业的老师，反而受到欢迎。

学习方法一方面缺乏指导，另一方面学生也不够重视。因为，处于"跟住学"的学习环境之中，学生是不需要或不是很需要去考虑学习方法的问题，而更多的时间是在关注能否按时完成作业。

单一的学习方法严重影响着学生学习效率的提升，严重影响着学生学习力的提升。所以，在我们的实践中，有比较重的篇幅在传授如何指导学生学习的，如何帮助学生掌握适合于自己的学习方法的。

4. 学习反思与自我评价

长期的被动学习，养成了对自己学习过程和结果的不重视，不可能或很少主动地反思自己的学习的问题。我学了什么，我学会了什么，还有哪些不够明白的，如何能够更好地学习，应该怎样评价自己的学习，如何看待老师、同学和家长的意见等一系列关于元认知能力的问题，学生基本上没有或很少愿意进行总结和思考。这种对自我学习反思和自我评价的缺失，是影响学生学习过程与学习结果的最关键问题之一。我们如何能够促进学生对自己学习的反思和评价，是实施课堂教学改革的重要实践内容，在我们的做法中，大家也可以找到这个问题的解决途径或者说可能的途径。

第三节　当代学习观的重新构建

随着教学心理学的发展和教育原理研究与实践的不断深入，对于学习究竟是怎样发生的，如何看待学习过程，怎样能够实现有效的学习等等一系列问题的回答，构成了 21 世纪的当代学习观。

一、学习过程的内外因

自然辩证法告诉我们，事物的发展受到内因与外因两类因素的影响，其中内因决定事物发展，外因影响事物发展的进程，外因通过内因影响事物的发展。对于学习这样一个事件，分清楚内外因及其相互关系，就能够正确认识当代学习观，能够正确地处理学生学习中的一系列问题，从而促进学生的学业水平的提升和学习力的发展。

教学心理学指出学习是学习者大脑认知过程，学习是学习者大脑的活动形式。学习者通过接受外界的信息，在自己大脑中对这些信息进行加工，并与原有的认识（概念）进行重新整合，形成对某一事件的新认识过程。对于不同基础和经验的学生来说，面对于相同的学习信息，他们进行各自的大脑加工，可能形成各种各样的认知结果。也就是说，学习过程中起决定作用的是学生大脑的加工过程，不同的学生对同一事件的认知结果可能不同。学习信息是学生的外在因素，它们只能通过学生自己的认知过程，才能起到作用。

如果我们认同上述观点，接受并愿意在教学中进行实践，那么，我们学校教育和课堂教学中，就必须安排足够的时间，让学生完成自己的大脑加工过程，任何填鸭式的教学方式都是不可取的。

如果我们认同并愿意尝试上述观点，我们的课堂教学模式就一定要从

"讲授式的被动学习"改变成"探究性的主动学习"。这种转变是对学习规律的尊重,是按照学习规律来从事课堂教学活动,我们的教学效果和效率就会提高。

自主学习,首先,学生要养成自主学习的习惯,能够合理安排学习,能够选择适合自己的学习方式,能够主动地反思学习、评价学习;其次,是要给自主学习的时间与空间,给他们营造自主学习的环境和条件,积极鼓励学生开展自主学习,并适时指导其学习方法。自主学习就是要使学习成为自己的事情,自己的事情自己做主,也自己负责。这种学习习惯和学习目的的养成,就是关于学习的内因。

跟着老师学、对学习困难学生进行补课,其实都不是自动学习的现象。让学生能够自己发现学习的问题、处理学习的问题,才是学习的根本所在。所以在课堂教学中,教师只是创设学习情境,提供学习事件(现象、资料),请同学们自己提出希望进行探究的相关问题,再由学生经过自学和合作学习,经过学习交流与辩论,形成对该问题的正确认识,整个过程中老师只是起到辅助、引导的作用。我们在课堂教学模式中反复强调自主、探究、交流、合作、共享等关键词,就是基于对学习科学机理的尊重和应用。所以,课程改革提出自主与探究,并不只是教学形式上的改变,而是从学习科学机理出发,对学习行为的重新构建。

学校与课堂中学习条件、学习环境、学习资源、教师、同学以及家长,都是学生学习的外部因素。这些外部因素的提供和改善,会直接影响学生的学习结果,它们通过影响学生的学习建构过程,而发挥作用。因此,学生学习的内因包括智力和学习经验,外因是学生学习过程中能够享受并被影响的外界因素的总和。如何处理好智力、学习经验和外界因素三者的关系,就构成了课堂教学改革的核心课题。

学校中,学生的智力、学习经验存在个体差异,如果我们认同上述内外因关系,那么,在教学过程中,学生的学习目标与要求就应该是不一样的,不能用同样的标准去要求不同内因的学生。如果我们这样做,也是不可能得到理想的结果的。同样,对于不同的学生,教与学的方法也应该存在差异,要让学生能够选择适合自己的学习方式,教师进行必要的指导,而不是替代与规定。基础教育阶段,帮助学生考到可能考上的学校,才是衡量学校教育与教学质量的标准,也就是说,学生通过学校教育,得到了多少发展和提升,才是质量的标准。因此,面向全体学生、因材施教、分层教学等就成了课程改革中倡导的理念和策略。

创设学生自主学习的外界环境,是促进学生进行学习的必要条件。强调学习过程中内因的决定作用，并不是要否定或削弱学习的外界环境的重要性，那种一讲到自主学习后，教师就放任不管的行为是走到了问题反面，是不可取的。教学过程中要采用引导而不是施压，是平等的交往而不是绝对的服从；教学方法的多样性和针对性，而不是统一的教学形式和古板的教学过程；教学评价要起到学习的促进作用，而不是简单的排名。我们课程改革中倡导并实践的学案导学、微课、翻转课堂、合作学习等方法的设计与应用，就是对这个问题的回应。

二、学与习的关系

学习包括学与习两个方面，是学习者大脑中对信息接收、加工与建构的两个活动过程。

学是接受、模仿、固化，是大脑对相关学习信息的接收、存贮与简单加工的过程，学习者通过自己的感官接收相关的教学信息，并通过记忆存贮，对信息进行简单的甄别、分类，形成一个来自外界刺激的概念。这种概念如果用于解题，只能用来回答是什么的问题。学得的知识与技能，通过多次模仿，通过多次反复的刺激强化记忆，使其在相对长的时间内不会忘记。但是，这种简单记忆的概念与知识，不能够解决相对复杂的应用性问题。

习是加工、内化、应用、反思，是学习者对存贮的知识与技能，通过与原有的知识与技能的比较、甄别、联系，形成对知识与技能的新的认识。这种认识是建立在理解的基础之上的，是与原有的知识与经验的相互融合而形成的，所以，在大脑中能够更加长时间地存在，也能够应用相对复杂问题的解决。

学与习比较，学相对简单、容易、下位，习相对复杂、困难、上位。学生的学习过程中，大多数学生要完成"学"比较容易实现，基本上只要学生愿意学习、先天智力没有问题就可以。而习则需要相对高级的思维，需要普遍的联系与深层次加工，并通过应用，发生认知迁移，并在新情境问题解决中应用。因此，对于学生而言，习比学更加需要，能力更加高级，在考试中也更加能够得到好成绩。

学与习比较，习的另一个特征是"自主、主动"，大脑的加工过程只有在学习者自愿的基础上，通过自主才能完成。外界的刺激和压力不可能真正促进学习者习的过程的发生。学则可以是"主动和自主的"，也可以是"被动的、强制的"，一件事情反复多次地讲，也能够使听者有一些接受，就像电视里的广告，尽管看电视的人不一定喜欢，甚至还有点反感，但是，反复刺激后,就能够在大脑中形成影像。所以,教学过程中,如何保证学生能够主动地、自主地学,如何创设适合学生习的环境,是提高教育质量和学生学习力的关键。

在基础教育中普遍存在着学习概念的简单化、不理解,或者不愿意理解与面对的现象,从而使学生的学习过程发生偏差。为了得到高分,我们现在是学多还是习多？在教师主导的课堂教学中,在一切由学校统一安排的学习环境中,学生的学习自主机会很少,基本上是按照学校安排的课程表和老师设计的教学过程进行学习。这种学习,学的成分占了绝大多数,而且不是主动地学,更谈不上自主地学,学生在学校中,从早到晚跟着老师学。学什么,学多少,如何学,都按照老师的计划来。如何将学生的学变成主动和自主的,这是课堂教学改革的一个任务。除了学,学生很少有机会习,因为没有时间,因为要赶进度,因为学生不知道考什么,因为学生不自觉,等等,我们的"负责任"的教师们总是能够找到很多不放手让学生进行自主学和自主习的理由。

接着还要谈作业的问题,不少老师可能会说作业难道不是"习"吗？学生不是在做"习题"吗？"习题就是习的题目呀。"日常的作业是学还是习呢？不可否认,作业有一定成分的习,如果我们的学生能够对于作业以及作业与课堂教学内容进行自觉的反思、联系,并为接下来的学习安排做出反应的话,那就是习。但是,遗憾的是由于学生每天的作业量巨大,学生也没有对学习的反思的习惯,而是处于一种忙于应付的状态下完成作业,做完作业就相当疲劳,根本没有再进行有意识反思、联系和整理的过程,这种作业就还是学。这就是一些地方的课程改革中,明确提出减轻负担和作业量,有的还硬性规定学生每天的作业量等一些政策的原因所在。

要促进学生习的能力提升,使得学与习之间能够很好地配合,合理分配,实现学生真正的学习,就需要留给学生习的时间与空间。一定要改变学校中一整天都是老师在讲讲讲的现象,留些时间和空间让学生进行自主地学与习。

面对学生的学习,真正因为智力问题而成绩差的是个别。决定学生学习成绩的是学习习惯与学习方法,以及学习的环境。如何培养学生养成学习习惯、寻找适合的学习方法、创设自主学习的环境,是我们进行课堂教学改革实践的重要任务。

三、关于教学的认识

　　教学，对于教育工作者来说是再熟悉不过的了，每天都在教学。那么，究竟什么是教学呢？或者说教学是一份怎样的工作呢？明确并执行教学本质，对于教学工作十分重要。

　　我国很早时期就对教学做出了解释，并不断地进行注释与演绎。从解惑到传道，从"斅学半""教学相长"到"生活即教学"，无不体现着先驱们对教学本质的重视和理解。教学本质观的发展和变化，带来的是教学范式的根本性变化，带来的是教学水平的提升。近代西方的教学观点多以杜威的教与学就如买与卖的观点为主，并派生出来的。

　　杜威用市场中买与卖来比喻和解释教与学的相互关系，其强调的是教与学是同一过程与同一载体的两个方面。有买才有卖，有卖才能买，买卖活动就是一个过程，需要双方同时参与才能完成。教学也是同一个过程，没有学生的学习需求，就不会有学校和教师；没有学校的存在和教师的付出，学生也不可能得到很好的学习机会而完成自己的学业。在课堂教学中，教师教授的过程，也就是学生学习的过程；学生学习活动中，始终有着教师指导的影子。买卖之间的关系，必须是在买方与卖方平等的情况下才能完成交易。教学过程也应该体现师生的平等关系，只有平等才能完成。课堂教学中平等的人格关系，能够促进教师的教和学生的学，能够提升课堂教学的效率。

　　我们的课堂平等吗？且不说体罚与变相体罚现象还屡有发生，"师道尊严"在课堂中还是常态，就是一些省市级的优质课展示中，我们也可以经常发现课堂教学中教师的"主宰"地位。例如，对学生课堂教学中问题的回答，一些教师就不够耐心，特别是当学生讲错了或不完全正确时，教师就会打断学生的回答，连"听学生讲完"都做不到。一些好一点的公开课，教师在上课开始展示一些事件或现象后，就会说"同学们，看完视频后，老师有一个问题，为什么……"，学生回答一个问题后，"老师还有一个问题"，课堂成了"师生一起努力，帮助老师解决了很多问题"。学生的问题、困惑、兴趣，几乎没有机会表达，更无法解决，被动的学习已经成为一种正常的现象。如何对待课堂讨论与交流？是教师带领学生寻找唯一的正确答案还是让学生产生认知冲突？我们的课堂教学的实践就是通过学生课前的预习，使学生产生问题，产生他们感兴趣的问题、想解决的问题，带着问题进入课堂，通过课堂教学活动，帮助学生解决好这些问题，并引发他们产生新的问题,使其带着更多问题离开课堂。如果能够实现,即使课后没有学生作业,学生也会自觉、主动地寻找资料,反思学习过程,努力地去解决自己的问题和困惑,就能够实现"习"。

　　总结上述学习观,我们可以得出结论:学习是学生大脑中思维过程;学生的思维品质决定了学习的结果;良好的外界学习环境的创设,能够促进和提高学生的学习效果;教学是师生共同完成的一系列活动,活动中师生是平等的;学生的学习包括学与习,两者需要合理分配,有学也有习。

第三章 学习力及其要素

既然学生的学习力在学习中起决定作用,是最重要的因素,那么,究竟什么是学习力,它是由哪些要素构成,这些要素之间有怎样的关系,不同学段的学生的学习力要素有怎样的区别,或者说是如何提升和发展的。在介绍如何提升学生学习力途径的具体教学实践之前,必须回答这些问题。

第一节 学习力的提出

学习力(Learning Power)的概念最早源自系统动力学创始人、美国麻省理工学院教授弗雷斯特(Forrester J. W.)1965 年提出的"学习型组织"管理学理论,他在《企业的新设计》一文中对"学习型组织"进行研究时提出。他运用系统动力学原理具体地设计出未来企业的思想组织形态:层次扁平化、组织咨询化、系统开放化,是一个组织成员之间逐渐由从属关系转向工作伙伴关系,彼此不断学习,不断调整的动态的组织形态。

学习力的提出是针对现代企业管理中的一种理论或模型,它论述了企业中团队与个体的相互关系,分析了个体在团队中的作用,以及团队对个体提升的促进和带动作用。其目的是提升企业整体的竞争水平,是企业可持续发展的组织构架和系统化管理的模式。

从学习力最早的概念中,我们可以清楚地看到学习力的特点,那就是层次性、开放性、互动性、渐进性。

层次性要求学习力各要素之间存在着上下位关系的层级与递进。这种层级的存在与划分,使得学习力各要素的发展过程和发展途径存在着前后关系,存在着基础性要素和高级要素之分。在企业团队中的层次性还表现在现代企业管理中机构之间的层级属性。

开发性要求学习力各要素的提升是一个开发的系统,是不断充实与补充的过程。在团队中的开发性还表现为对个体进步和个体参与的开发性。

开发性特征是学习力生长的动力所在。

互动性要求学习力的提升的途径和有效策略是基于协作,是个体之间的广泛地协作下的学习力提升,是现代企业管理中一个基本的理念,也是社会化程度的一种体现。协作与互动促进个体学习力提升的同时促进团队整体竞争水平的提升,促进企业的持续发展。

渐进性要求学习力的提升是一个循序渐进的过程,是一个阶梯式的递进过程。它决定了学习力的提升并不是通过某一种专门的培训和特殊的训练来提升,而是在日常的工作与学习中逐步提升。

我们分析最早的学习力概念的特征,是为了解释和呼应我们在后面所要介绍的基于学习力提升的课堂教学实践的具体做法,是为了说明我们采取的提升学生学习力的课堂教学实践的立论依据。

学习型组织的普遍推广与其在现代企业管理中产生巨大的成效,不仅推动了现代企业管理本身的进步,还引起了教育学者的关注。20 世纪 80 年代,学习力的概念引入教育学领域,并在教育学、学习心理学领域兴起学习力研究的热潮。在建构主义学习理论影响下,研究学生学习机制、概念的形成、学习水平的提升、改进学生学习方式、改进学生学习环境、评价学生现在与未来学习能力和水平、测量与评价学生学习力水平等多个方面,都成了学者研究与实践的重要课题,并取得丰硕成果。

第二节　学习力的不同观点

尽管在教育界,对学生学习力的研究十分重视,也取得很多成果,但是,到目前为止,关于如何解释学习力,它的本质与构成的要素究竟是什么等问题,仍然存在着各种争论,存在不同的观点和解释。

对于学习力的解释和观点的不同,直接影响教学实践中提升学生学习力的策略与方法的选择,直接影响学生学习力水平的评价。因此,我们需要花一定的篇幅来介绍和解释各种对于学习力的不同观点。

我们介绍学习力的不同观点,力争不对各种观点的优劣进行评述,因为,每一种观点都有其存在的道理。我们介绍它们,主要是为了解释和界定我们对学习力的观点,给读者一个比较和对照的机会,也有利于学习力研究的发展。

我们对有关"学习力"的解释称为观点,而不是称为理论,并不是它们没有自身的系统性和内在逻辑性,而是基于关于"学习力"解释多样性和未确定性，还没有一个广泛接受的观点，在"学习力"概念与本质的研究仍然方兴未艾的情况下，我们还是将它们先定为"观点"。关于学习力的主要观点有"能力观""素质观""品性观""能量观"。

对于学习力的解释有哪些主要观点，这里呈现的是来自我们两位研究生（胡爽、王瑞，浙江师范大学教师教育学院给课程与教学论研究生，2014，2015）毕业论文中介绍。

1. 学习力是学习能力

能力观认为学习力是通过获得与运用知识改变工作和生活状态的能力或者是动态能力系统。此类观点没有脱离传统教育观，将多种能力进行组合、形成一个共同体系。但简单将学习力纳于"能力"的范畴，实际上是缩小了学习力的内涵。

首先，词源释义上，学习力英文译名为 Learning Power，与 Learning Ability 有所不同。从表 3-1 可知，"力"的含义广于"能力"，Power 的含义亦广于 Ability。其次，构成要素上，学习力包含学习能力。学习能力是观察和参与新的体验，将新知识融入并改变已有知识的能力。它以知识为中心，以智力因素为主要成分。而从学习力的各类概念阐述可知，其包含的成分不仅仅是各种学习所需能力，还有学习动机、意志、情感等非知识、非智力、非能力的因素。最后，适用范围上，学习力既可以适用于学习个体，也可适用于学习群体或整个人类，而学习能力更强调个体层面。

西北师范大学刘磊（2011）认为学习力是人在学习和实践过程中形成和不断发展的以理解力为核心的，发现问题、分析问题和解决问题的能力。瞿静（2008）提出，学习力是以听、说、读、写、交流等获得知识技能的学习为基础，通过实践、体验、反思、环境影响等途径进行的学习力提升，达到产生新思维、新行为的学习效果为目的的能力或动态能力系统。陈金国认为，学习力是个人或组织的知识获取动力、知识内化能力、知识外化能力的总和，即人们吸收、运用知识改变工作、生活状态的能力。刘红英指出，学习力是学习中表现出来的分析、综合和独立解决问题的能力，是改造主观和客观世界的创新能力。徐征对学习力的内涵做出概括：广义上，解释为借助学校教育所形成的能力，是一种超越了狭隘的生活现实和生活实践的更加抽象的能动的能力；狭义上，仅指学校的学科教学形成的能力。

表 3-1　学习力英汉释义表

Ability	Power	能力	力
① 某人能够做某事； ②技能。	① 权力，机会，权威等； ②做某事的能力； ③人的身体或精神能力； ④影响力或实力； ⑤持续的能量，即能源。	指顺利完成某种活动所需的、直接影响活动效率的个性心理特征。	①力量，力气； ②身体器官的效能； ③一切事物的效能； ④ 用极大的力量，尽力； ⑤改变物体运动状态的作用【物理学】。

由此可见，学习力与学习能力不是同一概念，两者是包含与被包含关系。学习力也不是学习能力的简称，否则"学习力"一词没有存在的必要与价值。

2.学习力是学习素质

英国 ELLI 项目中，Claxton 等将学习力概括为是性格，生活经验，社会关系，价值观，态度和信念相互凝聚形成的一种素质。吴也显等从课堂文化重建角度审视学习力的价值，他们认为在当今社会，学习已经成为一种生存方式，学习力已经成为人所应该具备的基本的文化素质；课堂文化重建的目标之一就是促进师生学习力的提升；学习力的生成效率已成为衡量教学的标准素质观，认为学习力是现代人基础性的文化素质。素质有两层含义，一是相对个体的，指个人先天具有的解剖生理特点，可以作为人身心形成及发展的生理基础，如身体素质；二是相对群体的，指公民或专类人才的基本品质，如国民素质。可以看出，素质是物质性的，具有遗传性的，先天可以获取，也可以后天形成。而文化素质显然是指向素质的第二层含义，是以人类社会产生的文明为基础，是站在社会学的视角看待学习力，强调了学习的核心是人类传承的知识。

素质观虽然看到了学习力不仅仅只有能力，还有生理、心理等能力之外的成分（如体质、情感、道德等），但仍不能很好地诠释学习力的本质属性，容易异化学习力的原有概念，理由有三：第一，素质是一个人在社会生活中思想与行为的具体表现，作为人身心发展的物质基础，具有一种生来所固有的特征，它无法脱离一定的先天性和遗传性成分。而学习力通过后天学习可以源源不断增长，受后天影响更多，后天成分理应占据更多。第二，我们往往更关注个体的已有素质，而不是素质的变化，即相比过程性更注重结果性。学习力强调学习本身所具有的实力和影响，结果和过程同等重要。第三，这里的素质与我们过去强调的素质并无太大区别，难免容易

"重回旧路"。

3.学习力是学习品性

品性观认为人的学习力是人在学习活动中起作用的、由心理结构和身心能量组成的一种个性心理品质。心理品质在心理学上,是在生理素质基础上逐渐形成的心理特征、潜能、行为,包括性格、气质、意志和情感等。品性观相对于素质观,认为学习的核心更加侧重于个人积累的认知经验。

当然,心理品质是素质的重要组成部分,也要建立在生理基础之上,但是通过后天环境及教育的影响更大,即后天获得成分更多。另外,心理品质对其变化过程和已有水平也是同等重视的,并且还涉及了一些能量观点。可以说,品性观要比素质观更接近学习力的本质。

然而,心理品质一旦成熟后就会趋于稳定,这无法较好地解释为何解除人为干预后学习力会有骤降的现象,在可逆性问题上欠缺说服力。品性观虽然与素质观视角不同,但无论是心理品质还是文化素质,其实都是属于人的素质范畴。品性观也没有表现出学习力的先进与独特的属性。

4.学习力是能量

2002年,英国格拉斯哥大学B. J. McGettrick教授提出学习力双螺旋结构理论,认为学习力是一条反映了学习者意愿的链与一条反映了学习试图达成的结果的链相互作用的过程。英国布里斯托尔大学Deakin R. Crick博士则进一步提出:促进学习意愿与学习结果相互作用的能量就是学习力,它是抽象的,不可见的,但它存在于人体内部,影响着人的思想、情感、需求和学习的有效性。沈书生等国内学者认为:构建学习力的过程即为学习者终身学习提供能量的过程,既要依赖现有的资源和学习环境,又要面向未知的资源和学习环境,最终服务于学习力建构需求。

能量观认为学习力存在于人类自身,直接影响人类随着时间生长、发展和获得成就的生命能量,即促进学习意愿与学习结果相互作用的能量。此类观点借鉴自然科学,认为学习力的本质是能量。在物理学中,能量是物质运动转换的量度,具有流动性,可流动、可转化、可传递。若学习力就是一种促进个体或群体的生长、发展和获取成就的能量,可先天存在,也可后天汲取,能在个体和群体之间积累、转化和流动。

能量观并没有单纯指向学习活动,而是放在人的生长、发展和获得成就这一更宏观的运动上,指向的是人的终生学习。而人的生长、发展和获得成就都必须依靠学习活动来实现。同时关注学习者的结果性和过程性,即这种能量的储量大小和积累过程同样重要。当然,能量观仍有许多地方尚未解释清楚,如这种能量的来源、量化和转化等问题,更大的不足在于缺乏一定的精神属性，与教育的兼容性较低。

对上述四类观点的综合比较可见表 3-2。尽管各家对其内涵存在分歧，仍可发现三点共识。（1）人本性：学习力的主体是人，依赖人而存在，储存于人体内，作用于人的终生。（2）学习媒介性：它是人与学习客观存在的媒介，人通过学习改变学习力的状态，又通过学习行为表现出来，其水平的高低直接影响学习。（3）内隐性：学习力内隐于人的思想、感情、需求和行为之间，不易外显。正因其本质令人难以准确把握，导致各家观点的差异。

表 3-2 学习力本质比较表

	能力观	素质观	品性观	能量观
视角	传统教育	社会学	心理学	自然科学
本质	能力系统	文化素质	心理品质	生命能量
优势	关注多种能力	关注非能力成分	后天成分多；结果和过程等重	具有流动性
局限	学习力狭义化	先天成分多；更强调结果	仍属于素质；难以解释不稳定性	缺乏精神属性；机制尚不清楚
共性	人本性；	学习媒介性；		内隐性

我们支持的学习力本质是"能量观"。因为"能量观"比较符合解释学生的学习机制，比较符合我们实践过程中所选择的具体做法。"能量观"将学习力看成一种内在的能量，而能量可以增加和衰减，在一个系统（具体的人）之中，学习力作为能量，有"输入""生长""维护""输出"几个问题，这种系统适用于学生在学校的班级中的学习过程和学习结果。

每个个体的学习力储量多少是不同的，并且一直处于动态变化，主要受自身的学习需求与参与的学习活动的影响发生变化。在某一时空内可能会出现增长、停滞或减少的起伏情况，体现出学习力的开放性与渐进性的特征。但是，就总体而言，学习力会随着年龄增长呈增长趋势。造成这种变化的主要原因是学习力这种能量可以流动，并且能转化为不同形式的能量作用于人。

如果我们借鉴生物能量学中的能量收支方程，可以将学习力理解成摄入能（C）、生长能（G）、代谢能（R）、传递能（T）和未用能（U）等形式的能量组成，摄入能的总和等于其他四项能量的总和。学习力个体能量收支方程为：

$$C_{摄入能} = G_{生长能} + R_{代谢能} + T_{传递能} + U_{未用能}$$

　　其中，摄入能是个体在学习活动中从外界获取的学习力总能量，一般可从教师、同学、家庭、社会及大自然等个体或环境中获得。这也是我们强调学生学习环境建设的重要性的根据。这也体现了学习力的协作与互动的特征。生长能是用于未来成长而储存起来的能量，也来自学生对学习自身需求所产生的动力能量，它是学生学习力提升的最主要来源。代谢能是用于维持日常学习所消耗的能量，包括上课、作业、考试等方面耗费的能量，它与学生的学习习惯和学习意志密切相关。传递能是传递给他人的能量，性质与摄入能类似。它体现了学习力的开发性和互动性的特征。未用能是未被个体利用的能量，一部分是自身先天潜在的能量，另一部分是摄入能中未被转化成而沉淀于人体内的能量。这就是我们大家比较熟悉的，学校教育要以开发学生的智力和潜质为重要的任务的依据所在。

　　王瑞在其毕业论文中给出了图3-1所示的学习力"能量观"模型。他认为，外界个体或环境中的学习力能量以摄入能形式进入学习个体，一部分以代谢能形式消耗，一部分以传递能输送给下一个体，其余部分储存于体内，真正发挥成长作用的能量是生长能，而则未发挥作用的都以未用能的形式存在。

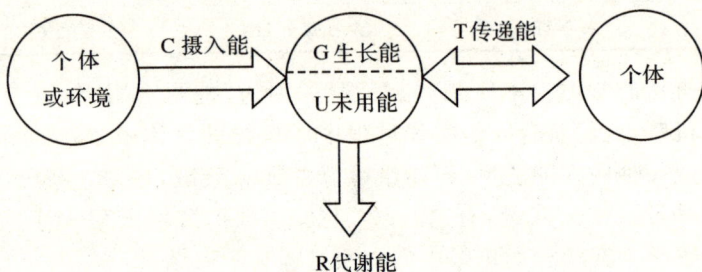

图 3-1　学习力"能量观"模型

　　"能量观"这个模型的价值在于，它不仅解释了学习力是一种学习的能量的基本观点，更重要的是解释了构成学习力的能量之间的关系，为我们在课堂教学实践中寻找提升学生学习力的途径与方法指出了可能的方向。

第三节　学习力提升的途径

　　大家最关心的其实是如何提升学生的学习力，毕竟在理论层面如何说得头头是道，还是需要经过教学实践进行检验。可喜的是有关学习力提升的途径的研究,如同学习力本质的研究一样,受到教育研究者和教师的重视,并取得了可喜的成绩。

1. 国外关于学习力提升的实践研究

1985年,澳大利亚墨尔本郊区的 Laverton 中学与高校研究者合作创建的促进有效学习的项目(PEEL,The Project for Enhancing Effective Learning),该项目试图寻找促进学生学习的课堂教学方法,以帮助学习者成为见识广、目的强、更智慧、有主见的学习者,在许多国家和地区得到了推广。尽管项目本身还是力求于课堂教学的方法,但是其真正的目标指向是学生的学习,是学生学习力的提升。这个项目的另一个重要特点就是高校与中学的合作研究,开创了 U-S 合作模式在学生学习力提升途径的探究的先例。

2002年,英国布里斯托尔大学教育学院的教授 Claxton 等人参与发起的有效终身学习编目(ELLI)项目,是国外此领域对学习力理论进行系统研究的代表。通过研究,提出了课堂上提升学习力的七个要素,即创造健康的学习关系,进行对话学习,提供一个学习的榜样,对学习过程反思,评估学习,提供挑战和机遇,创造一个有刺激作用的学习环境。在英国,该项目研究成果已经在英国纽波特 38 所学校应用,在培养学生学会学习方面取得了很好的效果。这个项目所追求的学生学习力提升的目标指向,符合学习力最早的特征。

英国曼彻斯特大学 Linda Rush 博士在研究课堂上提升学习力途径与策略的过程中,提出了提升学习力的四步策略:解释(Explaining)、协调(Orchestrating)、评论(Commentating)、建模(Modelling)。这里我们倍加推崇的是 Linda Rush 博士将学习力作为课堂教学的目标。通过教学活动,学生获得的是学习力而不仅仅是知识与技能。学习力是在学生认知、情感发展的同时在潜移默化中提升的,而非直接培养的。在我国应试教育还普遍存在的基础教育中,学生的学习力作为教学目标,并与知识与技能目标结合在一起,是一种很值得学习和引起重视的教学观念和做法。

2004年,美国诺埃尔兰·迪博士在"超级学习力训练"中从学习的技巧、学习的方法、时间管理、记忆术、阅读力、记笔记、即兴写作力、应付考试等多个方面阐述了如何提升学习力,成为一个优秀的学习者。

国外关于学生学习力提升的教学实践,基本上按照教学心理学的有关学生学习的本质的认识为理论基础,是围绕着学生整体素养提升的教学目标来开展的,不仅解决了眼前学生完成对知识与技能的学习需要,更是为了学生具有终身学习的潜在能力。这种学习力还将影响学生未来走向工作单位、走向社会活动。

2.国内关于学习力提升的实践研究

国内研究比较早的是 2007 年南京市,有专家提出基于脑的教学,基于网络环境的教学,基于小班化教学的"新三基"课堂教学模式。基于脑的教学的实践研究中,张世录和杨秀萍提出从多感官教学,画自己的思维导图,听适合的音乐以提高学习效率来提高学生学习力。张建章认为基于脑的教育教学原理在教学过程中有巨大作用,提出了在小组中教学,用探究性的学习方法,问题性教学法,教学中利用思维图,依靠学生已有的知识与经验,合作教学,个别化教学方式,等等教学建议。他们的研究有一定的前瞻性,是基于未来信息与交流技术在中学教学中的普遍应用,是基于未来在我国推行小班化的教学预期。他们结合脑科学的教学实践研究,在一定程度上反映了当今世界教育与教学研究的前沿成果。

2011 年 7 月,中国教育学会"十一五"课题"中小学生学习力培养研究"在沈阳地区八所学校进行实践研究,给出结合学生年龄、年级、性别特点,以科学阅读、科学记忆、手指运动、花样跳绳、思维导图几个代表性活动进行中小学生学习力培养的多种范式,是我国首个关于学生学习力提升的系统性研究项目。

许学国在《组织学习力提升策略研究》中提出组织学习力提升的具体策略有:提升组织学习系统功能,开展组织协同学习,克服组织学习智障。

杨艳艳在掌握学习视角下提出提升学习力的策略:学习目标与目标定向综合引导,全面激发学习动机;及时进行教学干预,促进能力循序发展;综合运用多种学习评价手段,发挥评价的教育与激励作用;个别化指导教学,让每个学习者都得到发展;发挥信息技术辅助教学的功能,最大化教与学效果。

陈满林认为提升学习力的路径主要有三条:一是重塑学习主体,变革学习理念。传统学习主体存在两方面的缺陷。首先是个体在学习中的缺失,其次是团队学习主体的缺失。所以提升学习力的首要切入点就是通过创建学习小组来唤醒个体学习意识,大力培植团队学习意识,树立先进的学习理念。二是创新政府职能,提供学习保障。三是创新管理模式,注入学习活力。首先要构建强大的学习动力机制,其次必要的约束措施也是对激励机制的一种补充。

陈维维、杨欢提出学习过程中的学习力提升策略:掌握定向与成绩定向的结合;注重学生学习风格的差异;关注练习与反馈的协调;规范性评价与非规范性评价的统一。

彭希林认为提升学习力的方法有：坚持主动学习，认识到学习是为了生存和发展，学习应该是主动的、自觉的、积极的；坚持终身学习；重视对人文科学的学习，这种人文科学是指个人和群体对于自我认识和自我反思最贴切、最直接的学问；善于运用动态的、多元的学习手段；重视团队学习；重视运用。

李惠苹在《"学案导学"在初中科学学科教学中的实践研究》一文中提出学案导学模式可以有效促进学生的学习，提升学生自主学习能力，促进学生思维深化；养成学生良好的学习习惯，促进学生自觉学习；增进学生学习自我效能感，激发学生学习兴趣；培养学生合作学习的能力和创新思维。课堂导学根据"以学论教"教学模式的"五环节"：预习检查→学习指导→探索新知→课堂小结→布置作业安排课堂教学。遵循面向全体、关注差异，学生主体、自主学习，关注学法、提升思维，以评促学、及时调整，关注学情、培养习惯，关注过程、强化发展的原则。

杨娜在《基于培养学生学习力的学习策略教学探析》一文中阐述了培养学习力的教学模式：提高学生的学习力，使其成为会学习的终身学习者为教育目标，以提高学生自主学习能力，增强学生的创造性和批判性思维为具体目标；提出基于学生发展，以生为本的备课理念；在教学内容上安排了一些元认知知识，通过对元认知知识的学习逐步了解和掌握元认知策略；在教学方式上，采用团队教学，即每班的学生被分成五组，每组有一位负责组织组内学生进行课堂讨论的"小老师"；采用形成性评估，将学生的课内表现包括出勤情况，听课状态，做笔记情况，课堂语言活动参与情况，组内讨论参与情况，课后作业完成情况等指标纳入评价体系内。

黄姗认为，自主学习、探究学习和合作学习对于培养中小学生的学习力有着极大的促进作用：自主学习是一种根据自身条件选择学习目标、学习内容和学习方法，通过自我调控进行学习活动，能够锻炼学生的毅力，培养良好的学习态度和习惯。探究性学习是通过学生自主探究活动和体验，得出对学生个体而言的新结论、解决新问题的学习方式。探究性学习具有主体性、探究性、实践性、合作性、过程性几个特征。合作学习使学生讨论和合作的机会增加，互相交流，对自己和他人的学习进行反思和评价，利于从多方面看待问题，对知识产生更新、更深、更全面的理解。合作学习通过与他人合作、交流、辩论，和对自身的反思、评价，还能培养学生的创新精神，提高学习转化力。

自主、探究、合作学习使学生从被动地接受学习向主动、自主、反思的学习转变，从封闭的自我向开放的自我转变，激发学生强烈而持久的学习动机，锻炼学生高效获取信息的能力，运用认知和元认知策略的能力，培养学生系统的思维能力，是提升学生学习力的有效学习方式。

肖水强结合初中化学学科特点，探索提高学习力的方法。（1）通过实验探究，提高学生学习力。（2）发挥小组合作的作用，提升学生学习力。通过小组成员的默契搭配，提高学生的学习动力。强化小组的合作精神，挖掘学习资源，打破认知冲突，引导学生自主进入探究学习中来。（3）教师需要设计一些具有挑战性、开放性、探究性的问题。（4）让学生充当教师角色，在课前收集好相关信息，课堂上展示给其他同学。（5）重难点问题让学生自行设计探究方案，并在交流合作中完成，得出结论。

方明中在《提升学生学习力的小组合作学习策略》一文中提到新课程改革在克服传统的班级授课制弊端和不足的过程中，提出了课堂小组合作学习的形式。提升学生学习力的小组合作学习策略有：（1）营造小组活动的组织环境，激发学生的学习力。（2）建立小组成员合作机制激发学生的学习力。（3）引导学生自我表现激发学生自我意识、提升学习力。

徐卫妮在其学位论文中将提升学生学习力的策略归纳为两个系统，分别是驱动情意系统和提升自我调控系统。前一系统主要包含了教师的价值导向作用和非智力因素的"群体效应"，后一系统细分为学习时间的有效管理，学习环境的合理优化，学习内容的科学计划，学习资源的充分利用，学习状态的自我调节几条策略。

可见，目前已有较多学者提出关于提升学习力的方法和途径，具体从课堂模式、学生学习和教师教学几个方面对学生的学习力进行干预。分析以上观点，以学生为主体的学案导学、合作学习、探究学习等学习方式都是提升学生学习力的途径。

杨娜、黄姗、肖水强、方中明等共同指出，合作学习是提升学生学习力的有效途径。基于小组合作式课堂，针对疑难问题进行交流讨论，强调师生和学生之间的多边交流，教师为引导和参与者，学生为学习主体，在完成学科概念学习的前提下，突出学生良好的思维品质的形成，能够大胆质疑、积极思考、勇于交流、相互协作，形成民主平等的课堂氛围，实现全体学生学习力的提升。

这些提升学习力的途径，基本上围绕或体现了最早的"学习力"概念所体现的几个特征。可见教育研究与实践中教育理论对教学实践的指导的价值与作用。大家的教学实践研究给我们开展基于学习力提升的课堂教学实践提供很好的参考，给了很多可以借鉴的具体的操作方法。但是，关于学习力的教学实践研究还基本上处于一种零散的、没有系统性的个别化实践,还没有从学习力的本质,到学习力构成的要素,再到不同学段学生学习力要素和水平,最后到学科学习过程中的特有的学习力变化这样比较系统的进行论述和实践。开展系统性的关于学习力提升的教学实践研究是我们未来需要加强和解决的问题,我们的研究工作尽管努力地这样做了,但仍感到实践的时间周期还不够,而且,针对经济发达地区的农村中学的教学实践,具有代表性,缺少普适性。

第四节　初中生学习力要素解析

还有一个问题,就是学习力究竟有哪些要素构成,不同学段学生的学习力有什么特点和差别。清楚地回答这样的问题,才能保证我们进行的提升学生学习力的教学实践具有明确的指向性,才能避免将"学习力"作为一种时尚的"名片",标榜自己的教学实践研究,才能使读者明白我们提升学生学习力是指向哪些具体的指标。但是,回答这些问题的最终目的是寻找到适合有效地提升学习力的途径、策略、方法与手段,使研究工作落到实处。

正是基于对学习力要素解析重要性的认识,国外学者对学习力要素进行了比较充分的研究与剖析,我们从 2012—2014 年在对学习力本质、学习力提升途径的实践研究的同时,对学生学习力要素与具体指标进行了较为详尽的研究与分析。胡爽对初中生学习力要素与具体指标进行了研究;王瑞对高中生学习力及生物学科学习力要素与指标进行分析与研究;陈思思对初中生科学学科学习力要素与指标进行分解与解释;章璐妮从教学测量与评价的角度阐述了初中生学习力的具体指标。四位研究生的工作既是"基于学生学习力提升的课堂教学实践"项目的内容,也为我们阐述提升学生学习力的途径与具体方法提供了很好的立论支撑。

1. 国外有关学生学习力要素的研究

"四要素说":英国布里斯托尔大学 Claxton 在 2002 年首先基于"构建学习力就是要发展学习者的学习心智,引导学习者乐于学习、善于学习"提出了学习力构成的四个要素:顺应力(Resilience)、策应力(Resourcefulness)、反省力(Reflection)、互惠力(Relationships)。"四要素说"具有鲜明的教学心理学的特征与痕迹,是基于教学心理学对认识本质的解释。"四要素说"解决了学生学习力的心理学解释,但是,对于课堂教学实践中具体的做法,以及对学生学习力的测量与评价方面的指导相对较弱。

"七要素说"：英国 ELLI 项目的学习力研究，基于信息技术在教育中的广泛渗透，学生面对未来的信息化社会这一背景，提出了学生学习力的七要素：变革与学习（Changing and Learning）、带批判性的好奇心（Critical Curiosity）、意义建构（Meaning Making）、创造性（Creativity）、学习互惠（Learning Relationships）、策略意识（Strategic Awareness）、顺应力（Resilience）。"七要素说"同样基于教学心理学对学习的解释，但相比"四要素说"更加接近于课堂教学实际，其中的好奇心、创造性、意义建构、学习互惠等，比较容易找到对应的学生学习行为，也比较容易进行学习力的测量与评价。

"综合体说"：美国哈佛大学 Kirby 认为，学习力是一个综合体，它包括学习态度、学习方法、学习动力、学习效率、创新思维和创造力。此外还包括一些非智力因素，如好奇心、兴趣、创造等。"综合体说"包含了我们比较熟悉的以往有关学生学习能力和学习水平的各个方面，强调学生学习力的综合性，而非单一的能力指标。这种解释更加接近于学习力的"能量观"的本质特征。如果学习力是一种关于学习的能量，它一定包含了个体对于学习的各个方面，是一个综合性的指标。

"21 世纪学习要素说"：一些美国学者将 21 世纪学生学习基本技能概括为 3R7C 模式，即读（reading）、写（'riting）、算（'rithmetic）——3R，和终身学习技能，即批评性地思考和做（Critical Thinking-and-Doing）、创造性（Creativity）、协作（Collaboration）、跨文化理解（Cross-cultural Understanding）、交流（Communication）、计算、处理（Computing）、独立职业生涯和学习（Career and Learning）——7C 模式，给出了 The New Learning Formula：3Rs X 7Cs = 21st Century Learning 的解释。而这基本技能和终身学习技能的结合就成了学习力的要素。"21 世纪学习要素说"具有明显的时代特征，是基于相对公认的关于 21 世纪人才标准和 21 世纪社会发展新特征。就学习力水平的测量评价而言，3R 的指标容易评价，而 7C 的指标比较难以分解、难以测量与评价。

2. 国内关于学生学习力要素的研究

"五要素说"：参加中国教育学会"十一五"课题的沈阳地区学校提出了中小学生学习力包括学习动力、学习毅力、学习能力、学习转化力、学习创造力五个要素。浙江省天台中学依托《中学生学习力的校本培养研究》项目进行的研究，提出了构成学生学习力的五个要素：学习态度、学习动力、学习毅力、学习效率和学习创新。"五要素说"具有明显的"能力观"的特征，是将学习力看作学习过程中需要的各种能力来表示和解释。

"力学要素说"：国内有学者从物理学视角出发，借助"力"的概念来解释学习力要素。这种观点认为学习力包括组织学习活动、获取知识、运用知识的能力，以及在学习的过程中获得的一些智力技能，由吸力、引力、改力、创力、信力、化力、继力、容力、承力、防力和解力这11种力组成。该要素说具有明显的物理学科背景，在解释学习力过程比较注重用物理学的一些词汇来进行描述和解释，因而并不具有广泛的代表性；在学习力的理解层面和操作层面也容易产生困难，其解释往往能够停留在书面或"理论"层面，很难解释具体的学习行为，因而也不容易开展教学测量和评价。

"六要素说"：裴娣娜教授提出了学生学习力的六要素模型——知识与经验、策略与反思、意志与进取、实践与活动、协作与交往、批判与创新。并对其内在的逻辑关系进行了论证。认为知识与经验、策略与反思、意志与进取是学生学习力的基本要素，知识与经验是学生学习的基础，策略与反思是有效学习的基本方法，意志与进取是学生学习的动力系统；实践与活动、协作与交往、批判与创新是学生学习力高品质的表现形式，其中批判与创新是最高境界。

本书对学习力要素的解析，完全接受"六要素说"，因为它符合学习力的最初的概念和解释，符合关于学习力特征的解释。"六要素说"中学习力分六个要素、三个层次。六个要素和三个层次之间存在着明显的内在逻辑性。六个要素经过分解，能够比较容易地对应于具体的学习行为，从而为指导课堂教学实践提供可操作性的策略、方法与手段，也比较容易对学生学习力水平进行测量与评价。

在接受"六要素说"的前提下，我们对学习力的六个要素做了如下的解释，使其更加接近课堂教学实际。

3. 六要素说确立的依据

（1）知识与经验。

知识与经验是学生学习的主要内容，所有学习均要建立在个体已有的知识和经验上。在教育形成的早期阶段，知识与经验是一体的；产生文字符号之后，知识才逐渐与个体经验区分开来。广义上的知识（knowledge）包含了经验成分，是人对事物的属性与联系的认识，即个体通过与其环境相互作用后获得的信息及其组织。狭义上，知识是人类关于事物本质属性的、普遍系统的理性认识，而经验（experience）是个体在特定背景下关于事物外部属性的、尚未概括化的感性认识。

从培根（F. Bacon）提出"知识就是力量"口号，到斯宾塞（H. Spencer）提出"科学是最有价值的知识"论断，再到我国关于本次课程改革中引发的

"钟王之争"，无不反映出人类对于知识的思考与重视。与之相反，经验自从知识中独立出来之后，逐渐演变成理性、知识的对立面，并受到轻视。一些人认为经验只不过是通过大量尝试获得关于事物表象的结果，容易受到主观影响而产生偏差或失实，并不准确、可靠。杜威（J. Dewey）看到了知识本位的弊端，倡导经验主义课程论，将经验作为课程的主要内容，提升经验在教育中的地位的同时，也间接造成了知识与经验的二元割裂。

实际上，知识与经验各有长处，需要互补融合才能发挥其最大教育价值。知识的必要性表现在：知识是学生认识事物、改造世界的基础；知识是促进学生认知发展的工具；知识是学生对前人成果进行批判与超越的对象。知识的局限性表现在：知识是人类从过去情景中提取的认识，而情景的发展变化会导致某些知识不再准确；知识传递往往导致说教灌输、机械记忆、刻板评价。而经验的必要性在于：经验是学生的理解知识的背景基础，是促进学生主体性和能动性的工具，是学生对已有知识的补充和修正。经验的局限性在于：经验的碎片化不易于广泛快捷传播，经验的主观化性容易产生不准确。正如知识与经验两者本出同源，将二者回归一体，各取其长、互补其短，共同成为学生认识世界、学习事物的基础。

知识与经验是学生学习的最基本要素，学生学习的发生一定是基于自己原有的知识与经验，通过对新输入的信息的相互融合，才能完成对新概念的建构，从而形成自己对现实信息的认知。已有的知识与经验是学习的基础，新形成的知识与经验是学习的结果，同时构成下一步学习的基础。

（2）策略与反思。

策略与反思是学生学习的基本方法，是学生进行学习活动最根本的方法论要求。两者都是关于学习的方法，但各有侧重，策略比较强调学习效率的提高，反思比较重视学习状态的改变。

策略（strategy）即学习策略，是人为了提高学习效率，在学习过程中积极操纵信息加工过程的所有活动。学习策略的范畴很广，任何有助于提高学习效率的方法、技巧、规则、程序和调控方式都可以属于学习策略；然而学习策略又不等于具体的学习方法，前者是后者的上位概念，包括学习方法的选择、组织及加工过程。同时，学习策略作为调控学习进程的高级认知能力，可以衡量个体方法论水平的重要表现，是一个学生是否学会学习、善于学习的重要标志。

反思（introspection）即反省思考，是人的自我心理活动和内省的方法。反思是有意识的、受控制的，不是漫无目的的胡思乱想、一闪而过的模糊印象。反省是一种连续的、可控的过程，由一系列思维事件串联而成，以一个主要的目标控制思考方向和过程。反省需要一定严密的逻辑支持,需要通过推理、归纳、分析得出一定的结论,也就是说反思所得结论依赖确凿的事实和充分的理由。反思具有激励功能,可以激励人去不断探究、改变现状,做出自觉的努力。反思能促进学生从更多视角和维度审视自我、看待事物,产生不满足于已有学习状态,使其不断前进发展。

诚然,学习策略与反思从学生学习过程来说,它属于学习的方法,是提升学生学习结果所必须具备的方法(或技能),所谓"会学习""能学习"指的就是掌握好的学习策略,并有好的反思习惯和能力的学习状态。但是,就学习力的构成而言,学生在学习过程中掌握了了好的学习策略,学会并养成了对自己学习过程和结果的反思,学生的学习力就得到了提升。所以,我们可以把策略与反思的水平看作是学生学习的目标(或要取得的结果)。这样的解释,就比较容易理解课程改革中提出的三维目标之间的关系了,就不会只是将知识与技能目标当成学生学习所追求的目标了。

(3)意志与进取。

意志与进取是学生从事学习的动力系统和保障机制,它们并不直接干预学习结果,而是控制和推动学生的学习行动以此完成既定学习目标,并持续保持学习行为的执行。缺乏顽强意志和进取精神的人,是无法持续学习,克服困难,获得成功的。

意志(will)在心理学上是指个体自觉地确定目的,支配和调节自己的行动,克服困难,以实现目的的心理过程,是一种内在动机性行为。人的行为往往与意志密不可分,因为人在认识和改造世界的过程中,除却接受外界刺激、产生认知情绪,必然还需要依靠一定的意志采取某些行动。意志是学生转知成行的关键因素,认知本身不具有直接控制功能,而是通过意志实现对情感、行动的调节,确定目标,做出决策,执行决定,变为行动。具体而言,意志主要表现在有意识、有目的、有计划地调控自己行为,遇到困难努力克服、为达目标持续行动的过程中。目的性和调控性是其基本的两个特征:没有目的的意志行为是随意、盲目的,是人与动物行为的本质区别,正因意志具有明确的目的性,才能发动、加强某些行为以期符合既定目标,同时可以制止、减弱那些不符目标的行动,具有激励和抑制功能。意志行动是否有效,是以目标高低和价值决定的,目标越崇高远大,其意志水平就越高。并且,意志行动总是与克服困难相伴的,克服困难的行为过程既是意志的外显表现。意志强度如何,是以困难的性质和难度衡量的,困难越复杂、越难,意志表现越强大。

进取(enterprise)一般指不安于现状、力图更有作为,是一种积极向上的精神状态。进取与意志有相近部分,即两者都具有一定的目的性和控制性,但进取在目标设定上更具有指向成功的目的性和持续向上的方向性,在控制行为上更具有超越性,更多采用激励功能。从这点上来说,进取是可以与意志相提并论的。进取是学生个体发展的强劲动力,动物只要满足自然需要即可,不会产生更高目标及实现行为,而学生作为不断发展中的人,会产生持续满足和更高满足的需求,这就是通过进取为人的发展提供源源不断的动力。

意志与进取是学生学习的内在动力,是学生面对学习中各种困难所产生或表现出来的态度和行为。只有具备良好的学习意志和较强的进取心,学生对学习的态度才能发生积极的变化,所谓"爱学习""将学习当成是一件愉快的事情",指的就是具有好的学习意志和强的进取心的学生学习行为。

同样,意志与进取是学生取得好的学习结果的内在动力,它在很大程度上决定学生的学习结果,影响学生的学习成绩。但是,在学校教学中,培养学生具备良好的学习意志,保护好学生对新知识的求知热情,养成较强的学习进取心,同样是学生学习的目标。

(4)实践与活动。

实践与活动是人的存在方式,人通过实践活动,主观能动认识和改造世界,脱离了动物界,形成了人类特有的本质。当前诸多地区仍然存在着不少压缩学生活动时间和空间,减少学生尝试实践的机会和途径的现象,这也是我国学生理论水平高、实践活动能力差的根本原因,增强实践活动能力刻不容缓。

实践(practice)在马克思主义哲学中,是指人能动地改造客观世界的物质活动,是人所特有的对象性活动。人通过实践积极改造自然,从而维持自身生存状态,推进自我发展进程。人必须要保有生存资料才能生存,而生存资料只能向外界获取,这一获取过程就是实践;同时,人的智能和价值也在实践活动中逐渐形成和具体表现,指导人的发展。更重要的是,实践是认识的基础,对学生而言主要体现在:一是实践是认知的根本来源,虽然学生获取的认知不少是来自于前人总结的成果,但前人的成果必然是源于实践;并且通过自身实践,可进一步对已有认知结构进行关联和完善。二是实践是认知发展的动力,通过实践学生会不断挖掘和揭示出客观世界中越来越多的规律和特性,进而产生出更多亟待解决的问题,从而推动认知向前发展。三是实践是检验真理的标准,在实践过程中证明自己的观点与行为是否正确、合理。

活动(activity)是由行为动作构成的主体与客观世界相互作用的过程。活动总要由主体实现,作用于客体的:人作为活动的主体,通过活动改变事物,以满足自身发展需要;而客体的对象,无外乎制约活动的客观事物以及其心理映象两类。并且,人的心理、意识、性格等也是在活动中形成和发展的,而活动本身又会受到人的心理、意识、性格等的调控。活动的基本形式有游戏、学习和劳动三种,在人的不同发展阶段的主导作用也不相同,如个体在婴幼儿阶段的主导活动是游戏,在学龄阶段的活动逐渐由游戏转变为学习,成年之后劳动成为主要活动。

学生在学习过程中对实践与活动的重视,对实践与活动的设计、开展、参与、组织、效果评价构成了学生学习力中实践与活动要素的基本组成。学习本身就是实践过程,学习的实践促进学生学习水平的提升;学习中必然包含着各种各样的活动,正是这些活动构成了学生学习的过程,活动的质量直接影响到学生学习的结果。因此,实践与活动成为构成与提升学生学习力的途径之一。

(5)协作与交往。

协作与交往是人类的基本存在方式,也是作为社会性群体,所赖以生活和发展的必要条件。学生作为教育主体,时刻处于教学实践的交往活动中,通过交往凝聚集体智慧,以群体协作的方式解决个体能力有限的问题,实现互补、共同发展。

交往(communication)是人际在实践与活动中,发生相互作用和联系的基本方式,具有信息交流和情感沟通的功能。人是社会性生物,正如杜威所言"学校即社会",在学校这个小型社会中,客观上交往可以为学生社会适应性发展提供帮助,主观上学生也需要交往。首先,亲密伙伴提供的信息更容易被接受;其次,学生通过人际交往活动可以获得更多信息及合作利益;最后,良好的人际关系可以带来集体归属感、自我认同感,理解自己和他人的社会角色。同时也可看到,教育本身就具备交往属性,学生在教学过程中是无法回避人际交往,独自成长的,因为只有通过交往、在交往中,人自身才能得到发展。

协作(cooperation)是多个个体为共同目标,互相配合共同完成某一行为或任务,意思与"合作"十分接近,但"协作"的范围更广,对象不仅是人,还可以是具有人格的物,比如人机协作(human-computer cooperation)。协作建立在交往的基础上,没有交往就无法形成稳定的人际关系,而良好的人际关系作为协作的社会基础和必要条件,是从稳定的人际关系中发展出来的。协作是学生形成主体意识的重要途径,通过协作可以克服自我中心倾向,正确认识自我和他人的差异,了解到自己和他人的特点、优劣势,从而形成更为积极的自我体验、客观的自我评价以及主动的自我调控,在协作中更好地发挥自身长处、减少短处带来的负面影响。并且,协作也为学生提供了积极、自主、平等参与学习活动的机会,充分体现了其民主性与公平性。

在以班级制为主要的教学形式存在的背景下,学生在班级中学习的过程,不可避免地要实现同学之间、师生之间的交往与协作。班级学习中的交往与协作水平分高低,影响学生在班级这个集体中能够取得的学习地位和学习氛围,影响到学生学习的结果。从学习力要素的角度看,交往与协作既是学生完成学习并取得好成绩的重要途径,同时也是学生学习的目标,是学习力的组成。

(6)批判与创新。

批判与创新作为人类主观能动性的高级表现形式,是人生存和发展的最高本质,不仅是个体在社会竞争的关键因素,也是国家综合实力的强力体现。批判与创新尽管看似不同,其实二者具有内在统一性:两者的主体部分都是思维,即人脑对客观事物的反应过程;都建立在一定的知识基础上才能进行;都依赖一定的逻辑技能来对事物进行分析、判断、推理和概括;都有追求真理、质疑权威、思维开放等类似的精神品质。其辩证关系为:前者是后者的前提与基础,后者是前者的目的和归宿。

批判(criticism)是对事物或观点的真实性、精确性、性质与价值进行个人判断,从而对做什么和信什么做出合理决策。进一步说,就是人通过质疑、分析、判断、否定、创新等阶段,对事物加以思考,形成自我主张。批判大致可以分为三类:无批判,即从不思考某事物或某观点全盘接受,或只凭个人喜恶擅作主张;弱批判,即与性格无关的、零散的逻辑技能;强批判,即固于性格中的、洞察与评判所有事物及观点的思维品质。学生作为发展中的人,其思维的发展伴随解构、否定、批判、超越的过程,如果没有批判,原有思维就会定势僵化、停滞不前,无法得到继续发展。批判有助于学生形成正确的世界观、人生观和价值观,有助于在信息时代与知识经济社会中适应与生存,有助于创新能力的形成与发展。

创新(creativity)是运用已知信息,创造出某种新颖、独特、有价值产品的能力。新颖性即相对历史而言前所未有,独特性即相对他人而言与众不同,价值性即对社会或个人的发展具有积极作用和意义,与胡编乱造、抄袭模仿有着本质的区别。创新的产品既可以是一种观念、理论或方法等精神产品,也可以是一项技术、工艺或形式等物质产品。创新能力大致可分为三级水平：初级创新仅对个体而言前所未有，产品价值只有个人价值，几乎不涉及社会价值；中级创新是经过模仿或改变，在已有知识与经验的基础上重新组织、加工，形成具有一定社会价值的新产品；高级创新经过长时研究、反复探索，产生前所未有、与众不同的优秀产品。对于中学生而言，他们的创新能力与成年人甚至科学家的创新能力并无本质区别，只是表现程度不同，一般都处于初级或中级水平。

　　具备良好的批判与创新能力，能够保证学生在学校学习过程中具有自己独立的思维。开发新颖的观点，是能够让学生具有开动脑筋、寻找适合自己的学习方式与方法、完成和提升自己的学业水平的主动性与能力，从而取得优异的学习成绩；更重要的是，能够为学生未来的学习形成良好的品质，并保证在走向社会时创性各种事业的成功与辉煌。

　　4.学习力六要素的逻辑关系

　　学习力六个要素并非简单的独立并列关系，各个要素之间存在着较强的逻辑层级关系。具体可分为基层、中层和顶层三个递进层次，基层由知识与经验、策略与反思、意志与进取三个要素组成，中层由实践与活动、协作与交往两个要素组成，顶层由批判与创新一个要素组成。（图 3-1）

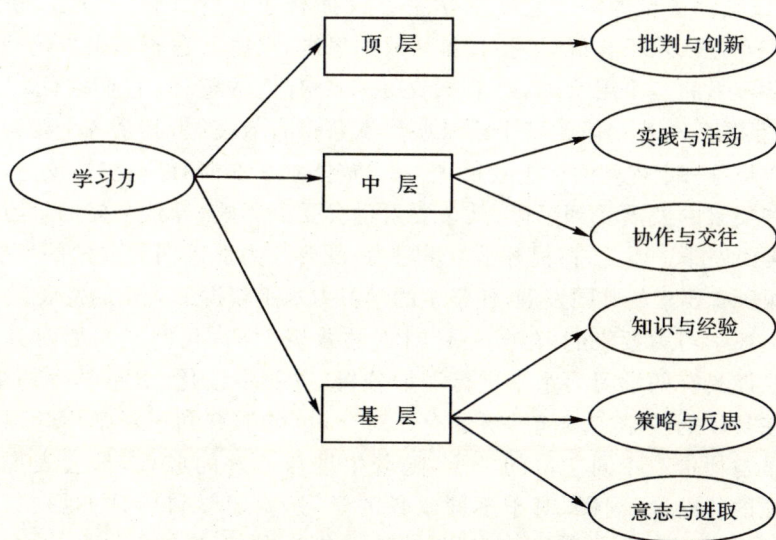

图 3-1　学习力六要素逻辑层级结构图

　　基层是学生学习力的基本要素，由知识与经验、策略与反思、意志与进取三个要素组成，为学习力提供内容、方法和动力基础。知识与经验是学生学习的主要内容，所有学习都是建立在个体已有的知识和经验上，新接受的知识和经验经过内化，成为个体认知结构的一部分，为后续学习过程提供认知基础。策略与反思是学生学习的基本方法，是学生进行学习活动最根本的方法论，没有方法就无法习得知识，方法不当就会效率低下，它和知识与经验是手段与内容的关系。意志与进取是学生从事学习的动力系统和保障机制，通过控制和推动学生的学习行动，从而达成自我设定的学习目标，并持续保持学习行为的执行。

中层是学生提升学习的效率的两条基本途径。实践与活动、协作与交往两个要素构成了人发展的基本路径。在基础学习力的三个要素上，通过实践与活动、协作与交往等人的基本学习方式与学习过程，完成基础学习力的发展要求，同时为终极学习力的形成提供支持。在个体层面上，以实践与活动形式去认识和改造世界，获取生存与发展资料，满足自我发展的需要；在群体层面上，凝聚集体智慧，互补个体能力局限，为共同发展提供可能。

顶层是学生学习力的高级表现，以批判与创新要素为主，形成个体发展的最高境界。终极学习力作为学习力的最高发展阶段，是通过底下学习力的层层支持，得以形成。所以只有其他五个要素都发展到相应程度之后，该要素才能逐步发展，缺少一个要素的支持，终极学习力的发展就会受到影响，造成减缓甚至停滞。它要求学生不仅拥有丰富的知识与方法、顽强意志、勇于实践、乐于合群，还要具备开放的思维、严密的逻辑和求异的精神。

学习力的三个层次、六个要素又是一个有机的整体，它们之间相互作用、相互联系。若个体的某个或某些要素获得有效发展，其余各个要素的发展也能获得一定程度的促进效果，学习力整体水平亦能有所提升；反之，某个或某些要素的发展受到阻碍，其余要素也会受到影响，导致个体的学习力水平减缓或停滞。因此，在提升学生学习力，既要大力促进弱势要素的发展，也要兼顾所有要素的共同发展，使学生的学习力水平获得最大化的发展。

上述学习力要素的解释，是针对人的普遍性的，我们还需要对具体的学生应该具有的学习力水平进行详细分析，进一步细化，尊重学生的个性。以便在具体的教学实践能够更加有针对性，也能够有利于对学生学习水平的测量与评价。不同学段的学生，随着生理与心理的成长，都会表现出思维特征的特殊性；同样，对于不同学科的学习，由于学科特征的影响，对学习力的要求也会有一些特殊变化。因此，胡爽在其硕士论文中，对初中生应该具有的学习力水平及相关要素进行了分解，陈思思在其硕士论文中，对初中生科学学科的学习应该有的学习力及相关要素进行分解，章璐妮则根据上述的分解指标（表3-1），形成了初中学生学习力测量与评价的相关量规，构建了学生学习力水平的评价体系。所有的这些硕士论文，都是我们进行的基于学习力提升的课堂教学改革的实践工作的一个组成部分。正是这些研究生的参与，才对实践工作的开展提供了理论与时间精力方面的保障。

表 3-1　初中生学习力要素的指标分解

一级指标	二级指标	具体表现
知识与经验	陈述性知识	对名词解释（概念术语或规律）的记忆是否深刻；对现象、过程能否复述；对相关现象的解释
	程序性知识	对实验操作的步骤是否清晰；对获得和处理信息的过程是否明确；对探究方案的设计能否正确进行
	经验	经验与学习的联系是否密切
策略与反思	认知策略	复述策略、精加工策略、组织策略情况如何
	元认知策略	自我调控情况；对自己学习结果的判断；对错误的补救措施；根据自己的情况安排学习时间；对自身学习态度的认识
	反思	对学习内容的反思；对学习方法的反思；总结学习经验，反思教训以及各种认知策略的优缺点和条件
意志与进取	学习动机	内部动机还是外部动机；成败归因为内部因素还是外部因素；自我效能感如何
	态度、毅力	对学习的信心；失败后的想法如何；面对挫折的态度如何；进取心如何
实践与活动	实践	参加实践的意愿；主动寻找实践的机会；拥有实践的能力；实践中的行为；实践效果
	活动	看待教材的活动；活动参与度；总结能力；活动中的角色、活动的效果
协作与交往	协作	民主意识；协作意识；协作行为；协作效果
	交往	交往的对象；倾听的程度；交往的方式；交往的效果
批判与创新	批判	对问题的敏锐性；是否敢于质疑；是否敢于表达；是否能够发现存在的问题；是否敢于挑战权威
	创新	对待小发明活动的看法；能否打破思维定式，拥有创新思维；是否乐于寻找好方法

第四章　基于提升学习力的课堂构建

在学校教育、课堂教学、学习关系、学习力要素等一些基本问题得到解释与分析后，就可以考虑构建有利于学生学习力提升的课堂，并经过教学实践的检验与完善，指导基础教育课堂教学改革。

第一节　课堂学习的要素与优化

课堂，即包括教室、实验室、校内场地，以及学校中学生从事学习的场所，为狭义定义。课堂教学中存在影响学生学习的诸多要素，这些要素的优化组合就成为课堂教学范式形成的依据。

一、课堂学习的要素

课堂是学生学习的主要场所，是师生进行教学活动的场所。构成课堂学习要素包括人的要素，即教师、学生和学习环境两大部分。其中人的要素在课堂学习中起到决定性的作用，课堂教学的双方就如"买与卖"，决定课堂教学的效果就是"买卖"双方的行为。在课堂教学中，还有"买方"的竞争者存在，这些竞争者有时会促进学习的发生，有时也会影响学习的发生。人的因素是多变的，受到内在的学习动机的作用，也会受到外部学习环境的影响。

学习环境要素包括教学条件、学习资源，但最重要的要素是学习过程中人与人之间形成的学习风气（班风）、学习习惯、学习氛围。教学条件和学习资源在各级政府的重视与努力下，随着经济发展和社会对教育的重视，已经发生了根本性的变化，教学条件已经能够满足基础教育中学生学习的基本要求，特别是随着网络技术的应用，使得课堂教学的物质条件有了翻天覆地的变化。网络技术的应用不仅改善了教学方式，也提供了丰富的教学资源，便于师生之间、教师与教师之间的交流和资源共享。随着课程改革的深入，各地学校对教学条件的改善和学习资源的保障，已经成为学校建设的一种招牌。所以，在学习环境要素中，提升学习力的课堂教学实践，关键是师生共同构成的课堂教学的学习氛围。营造良好的学习氛围，形成能够促进每一个学生学习、提升学习力的课堂教学氛围。

影响课堂学习的要素还有家庭、学校管理等，甚至气候的变化也会影响到课堂的学习。但是，我们将这些要素都归为外围的、非主要的要素。

二、课堂学习要素的优化

课堂教学要素之间相互作用，共同构成课堂教学的过程，影响课堂教学效率，因此，如何优化课堂教学各要素之间的关系，使其起到促进学习的作用，起到课堂教学效率的最大化，是课堂教学改革实践的真谛所在。

课堂教学要素除了上述介绍的共性外，还有鲜明的个性差异，不同的学校、不同的学科、不同的教师与学生、不同的学习内容，都会使这些要素之间的重要性发生变化。所以，我们的观点是课堂教学要素的优化，除了尊重教学的一般共性外，很重要的是要根据具体的教学实际和面对的具体情况，来谈课堂教学要素之间的优化问题。对于教学实践而言，个性差异在很大程度上起到关键性作用。有鉴于此，我们回答如何优化课堂教学要素时，通常介绍的是一些具有共性的原则和方法。在这些共性原则中，民主、公平、自主、合作、探究、反思、评价成为不可缺少的关键词。

1.民主公平的学习氛围

课堂教学是师生的交互过程，是人与人之间的交往和活动的过程。在这样过程中，营造民主公平的学习氛围，是必要的前提条件，也是其决定性作用的要素之一。这种学习氛围在很大程度上由班主任和任课教师来倡导，教师首先要从内心真实地面对班级中的每一位学生，不能出于各种原因和个人喜好而将学生分为不同类型。尊重不同学生的个性特征，在共同班级规则的前提下，鼓励学生的个性发展，并使不同个性的学生在班级集体中发挥作用，保证每一个学生在班级集体中都有温暖和荣誉的感觉。

要营造民主公平的学习氛围，教师要带领学生形成积极向上的班级风气，形成共同进步的集体。在课堂教学改革的实践中，我们十分重视班风班规的建设，所有的班规都是学生自己组织，通过集体讨论而产生的，而不是班主任按照自己的愿望所宣布的。同时开展旨在增加集体凝聚力的班会活动，以游戏、活动、讨论、郊游、辩论等多种方式，促进民主公平的学习氛围的形成。为了鼓励不同学习水平的学生在班级中的积极性，对于学习测验只公布进步情况，不进行成绩排名。学生自发地起草了一系列旨在提升和营造良好班级风气的行为规范、班花、班树、评优评奖方法等代表班风的文件。由于是学生自发产生的，学生在遵守班规就很自觉，效果很好。

课堂教学中，教师的教学设计和教学过程，也十分注意给不同层次学生的发言机会，由于有意识地营造了同学发言时"倾听"的规则，不管同学发言正确与否，都会让其讲完，也不会讥笑和挖苦，以讲道理、讲真理为说服不同意见的根据，鼓励学生对教师的结论发生质疑，对自己的结论进行辩护，并将这种课堂讨论的结果与小组评价相结合，促进小组团队的形成，促进学习的合作。

比学习进步、比小组进步、比问题多少、比课堂发言的积极性、比发言的质量与严谨等一系列比赛，成为课堂教学中最常见的形式。

2. 良好的学习习惯

良好的学习动机与学习习惯，是学生主动、自主学习的重要因素。对于初中学生来说，学习习惯主要抓了预习、反思等学习方法方面的事情，具体做法在后续的文章中介绍。

预习的主要目的是让学生了解将要学习的内容，并对学习内容产生兴趣、期待，最主要的而是产生希望解决的问题。对于一个要学习、希望通过学习来提高自己学业水平有良好学习动机的学生而言，预习能够促进其产生问题和想法，是最为重要的。带着问题进课堂，才能很好地投入到课堂的学习之中，才能主动积极地参与课堂中的各种活动。在学案导学部分，我们将重点介绍。

反思，本身就是学习力的重要因素之一，是学生思维品质的表现；反思，还是学生课堂学习的一种方式方法；反思是学生对自己的学习过程和学习结果进行理性的分析和总结的过程，学习在一个活动结束或一节课或一天的学习后，对自己的学习行为进行思考，寻找自己的优点和成绩，也寻找自己的不足。我们特别强调学生对"问题"的反思。也就是对照预习时产生的问题，经过学习后，解决了没有，怎么解决的，现在的答案你是否真正认同和接受，还有什么新问题产生。反思就是不断地对学习过程进行自我检查、自我认知。反思习惯的养成，是我们课堂教学改革得到较好成绩的重要因素。

3. 倡导探究

倡导探究是课程改革中的理念，是关于学习方法层面的内容。在学习过程中,倡导和鼓励学生积极参与探究、勇于探究,在探究中解决学习的问题和疑惑,并产生新的问题,再继续探究。将学习的过程变成一个探究再探究的过程,变成自主探究和合作探究的过程,学生的学习就完全成为主动学习。

我们倡导的探究是学生自主探究,是通过学生预习中的问题进行探究,而不是按照教师预设的方案做做实验、开展活动。先在小组中,进行问题交流、对问题的解释和看法还有疑惑与不解,在同学的帮助和讨论下,形成对问题的解释,然后,再在全班进行交流,征得其他同学包括教师的认可,最终形成对知识的认知,对某一现象的解释。在理解和把握探究的本质的前提下(关于探究的本质观本书不介绍,请读者查阅相关资料),根据课堂教学的实际,按照学科教学的特征,正确引导学生在课堂教学中进行探究性学习,是现阶段课堂教学中一个不可或缺的要素。

4. 合作共赢

合作与交往是学习力的要素,课堂教学中的合作主要是小组合作学习和班级的大展示两个环节(见下节的课堂教学模式),合作的目的是学习的进步,是问题的解决,是共同发展和提高。所以,在平等互助的合作学习中,学习的问题是开展合作的前提,没有问题、没有学生自己的问题,要开展合作学习就是一句空话,就没有对象和载体了。

高效的合作学习,小组建设十分重要,所以我们将用专门的章节介绍小组建设。小组中的学习规则、学习风气、学习能力都会直接影响到合作学习的效果和学生学习力的提升。

5. 学与习的结合

学与习是学习的两个方面,我们已经阐述了学与习的关系。在课堂教学中,如何合理地安排学生的学与习的机会,使两个方面能够更好地协调配合,是教师教学设计中必须注意的问题。在课堂中,对于学的机会比较多,教师的讲授、学生阅读、集体读、听写、解题、实验等等,都是以学的因素为主,时间上也是学的时间为多。课堂教学中留一些时间让学生完成习的过程,如方案设计、讨论(不是提问)、辩论,甚至"空白时间"学生自由安排,都是不错的选择。

课堂教学中如何将学与习有效合理的结合,没有一个固定的比例,学生、学科、教学内容、教师风格等等的不同,都会决定两者之间的分配。但是,关注并尝试着去分配学与习的时间、活动、过程是十分必要的。

6. 适时评价与反思

教学评价对学生学习有促进作用,已经是大家的共识,如何适时地对学生的学习行为做出评价，属于教师课堂教学的艺术的范畴，也是教师教学能力的反映。

课堂教学过程中评价，首先应该是公正的、恰当的，是能够被学生所接受的。这一要求也反映在学生之间的评价上，还在一定程度上反映在学生自我评价之中。只要是评价，公正、客观、恰当是保证评价效果的根本要素，必须予以保证。

在课程改革中对评价理念的解释时，有一种说法是"好孩子是夸出来的"，这本身没有什么问题，关键在于如何"夸"。那些"很好""你真好""真聪明"等简单的、"口头禅式"的表扬充斥的课堂，不仅起不到评价的促进作用，还会让学生感到"真假啊""太幼稚了"，会产生反感。只有发自内心的、真实公正的评价，才能被学生所接受。

课堂教学评价的方式中，还包含着批评，一种说理式的批评，而不是挖苦与讥笑。课堂中适当的、适时的批评，能够让学生认识到正确的学习行为，对学生良好的学习习惯的养成是有好处的。

7. 教学资源效率的最大化

教学资源是学习的保障，教学资源的多元化、特色化是现代教学资源的特征。特别是以网络资源为代表的教学资源，更具有多元和特色的特征。面对众多的教学资源，如何发挥教学资源的作用，使其发挥效率的最大化，是课堂教学中需要重视的问题。在提升学习力的课堂教学实践中，我们对学生能够利用的教学资源进行整理和归类，从学生需求和教学资源特征与作用两者关系出发，经过教研活动，整合教学资源，实现教学资源效率的最大化。

教学资源中比较典型的是教材问题和作业问题。如何看待教材在学科教学中的地位和作用，能不能正确理解教材在现阶段基础教育中的地位和作用，是我们十分重视的问题。改变教教材为用教材，已经是大家熟悉的口号，但是，真正要在教学实践中做到用教材教，是不容易的。教师长期以来的教学习惯、对教材的依赖，使得教学中教材成为唯一的依据，教材中的内容一点不能少，教材的次序严格执行，教材外的东西不敢加入。我们倡导教师按照课程标准和考纲要求来安排学科教学内容的范围和深度，将教材看作是重要的教学资源和参考资料。在教研活动中，教师按照课程标准和考纲来进行说课，来设计教学过程，并有"名师工作室"成员进行示范教学。在学校安排的单元测试中，也严格按照课程标准来进行设计与安排。鼓励教师使用教材以外的、适合学生学习的教学资源，在课堂教学中可以按照学生的实际情况，调整教学内容次序和要求。

　　在学生作业问题上,针对以往学生作业多而杂的现象,提出将作业量减半的要求。在此基础上,精炼学生作业,使学生的作业适于学生的需求和实际水平。学生作业全部教师自编,要求能够回答"我的学生为什么要做这些作业""这些作业是否具有典型性、代表性"两个问题,通过每周的教研活动,确定和鉴定下周各班级学生的作业。对于作业,还有一个要求,就是"布置的作业教师必须批改,并每周形成学生作业分析",在教研组层面进行交流。学生作业的代表性和针对性的提升,不仅减轻了学生作业负担,提升了作业的效率,也提升了教师对学生作业的编制、研制和使用能力。

　　8.体现学科特色

　　不同学科的课堂教学范式应该是不同的。具有鲜明的学科特色的课堂教学范式,才能提升学生对学科课程学习效果。为了体现学科特色,我们在课堂教学改革的实践中,在要求学生自主、合作学习、适当准确评价、公平民主的课堂氛围、注重学习方法和学习习惯的养成、面向全体学生等一系列基本的、共同的要求基础上,大力倡导学科教学的学科特色,如数学的严谨与逻辑思维、科学的事实与探究、语文和英语的语感与语用、社会学的真实与联系、艺术的发散与浪漫、体育课的活动与开朗,无不具有鲜明的学科特色。切忌在推行课程改革中,使用统一的教学模式,忽视学科的特色。在一些课堂中,我们看到语文课的教师在使用所谓的"探究式教学"进行上课,当然,这样老师实际上只是使用了一个时髦的教学方法的名词而已,课堂中不是真正体现探究本质观的教学活动。我们经常看到,不少教师随着教学新名词的出现,而进行的简单"模仿"的现象,如以前课堂中,老师讲完一个定律、公式或概念后,会举"例1、例2",后来改为"讨论1、讨论2",接着改为"探究1、探究2",当"案例教学"风靡一时时,就成为"案例1、案例2",而事实上就是例子,就是习题。所以如何选择合适的学科教学的范式,将课堂教学的整体要求得到体现,又能够体现出学科教学的特色来,是一个必须重视的要素。

第二节　提升学习力的课堂模式构建

　　课堂教学模式是指为了实现一定教学目标,贯彻特定教学理念,在课堂教学采取的相对固定的教学程序与流程。对于提升学习力的课堂教学究竟应该如何来开展,也需要有相对固定的教学模式来实施。

一、关于课堂教学模式

要谈课堂教学模式，我们还是要回到什么是教学这个根本的问题上来。前面我们提到教学是师生之间的交往过程，是同一个事情与过程的两个方面，就像"买与卖"，这个定义强调的是课堂教学的交往与合作，强调的是课堂教学中师生之间的平等与民主关系。在这样的交往过程，还需要遵循一定的教学规律，并根据教学实践灵活地利用好这些规律。所以，还有些对于教学的定义是：教学是科学，教学又是艺术。教学是科学，是因为教学活动有其内在的规律，教学过程中必须按照教学规律开展教学活动这样的思想指导下，我们就会推崇课堂教学模式，需要教学模式来体现某种教学理念，实现教学目标；教学是艺术，是因为教学活动是人与人之间的交往过程，而人是多变的，容易受到各种外界因素的影响，会发生变化。课堂教学中，就需要教师根据课堂教学的实际，适时地调整原有的教学方案，保证课堂教学的实施和高效率。这就是我们常说的课堂教学的驾驭能力，是教师课堂教学的重要水平指标。不按照教学规律进行教学，那是"乱来"；只知道按照教学方案教学，那是"死板"；真正的课堂教学就是要既遵循教学方案又能够体现教学艺术。

在提升学习力的课堂教学中，我们也尝试着提出了课堂教学模式，并在一开始阶段，比较严格地要求和执行这个教学模式，以达到推进课堂教学改革的目的。但是，在经历了一个学期的强制模式后，我们就悄悄地撤出了课堂教学模式，允许教师按照自己的教学风格和对教学的认识、按照学科的特征，来调整课堂教学的模式，形成了教学模式的多元化格局。

我们在选择和构建教学模式的过程，基本思路是按照以下的一连串问题来产生的："我们原来的课堂教学模式满意吗""我们原来的课堂教学模式能够高效率地促进学生学习力的提升、促进学生学业发展吗"。如果回答是否定的，接下来的问题是"我们有现存的好方法吗"。如果没有，我们就按照教育与教学理论，以及学习力要素的要求，去寻找和借鉴别人成熟的、成功的教学模式。同时，我们清楚地认识到，在别的学校已经成功的教学模式，并不一定适合我们学校的教学实际。所以，我们就从一开始在学习别人成熟的教学模式时，并不崇拜和固化这些教学模式，而是力争走上一条"无模，到借模，到学模，再到去模"的研究与实践之路。

二、提升学习力的教学模式

在教学理论的指导下,结合课程改革的基本理念,参照同类学校课堂教学改革的经验与教训,在初中学习力要素的分析基础上,我们按照下面介绍的三个基本理解,提出"三分三合"的课堂教学模式,在实践的基础上,进行完善提升,形成了"三分三合"模式中的分层和个性化学习。

1. 学案导学机制

"学案导学"在我国已经经过了多年的实践检验,被广大一线教师所接受,是促进学生主动学习,积极思考,提升学习力的好方法。但是,对于"学案导学"的基本理论和实践理解仍然还存在着相当多的误区,有的成为一种僵化了的课堂教学教条,甚至有以行政命令的方式,在整个县区推行的。

"学案导学"方法与其他方法有一个根本的区别,它来自于教师的教学实践,属于"草根型"的教学方法,它不是根据某一种教学理论提出的教学措施。最早由金华一中的老师在教学实践中总结出来,并在基础教育中得到推广。"学案"相对于"教案",是学生学习的方案,是针对某一个学生(一类、一个班级学生)的学习方案。教案由教师编写,学案应该由学生根据自己的学习情况来编写,但是一般的学生还不能够自己编写,所以要老师进行"导",帮助来写。因此,从导学案的本质来说,具有鲜明的"个性化"特征。也就是说,一个学校的导学,不可能完全适用于另一个学校,更不应该通过出版"导学案集"的方式来推广。严格意义上讲,同样的内容、同样的老师,只要学生不同,就应该使用不同的导学案。所以,在课堂教学改革的实践一开始,就应要求任课教师自己编写导学案。

"导学案"编写依据是课堂教学目标、教学内容特征和学生情况分析,将三者结合起来分析后确定导学案的深度与广大。同时,导学案要发挥学生学习的"导"的作用。可以参考别人的导学案,但是不能照抄照搬。同时按照对导学案功能的理解,将导学案分成课前、课中、课后三部分,每一部分产生的作用不同,编写的要求也不同。

"课前学案"的特点是学生还没有没有接触过这些内容,属于预习的。所以,在课前学案中除了介绍课堂教学的目标和内容外,不能出现习题形式的内容,而是提供典型的、代表性的"事件""个案"。这些事件与个案与接下来要上课的内容关系紧密,学生比较容易从这些事件与个案中产生"希望探究后讨论的问题"。这些问题是学生自己产生的,是他们希望得到解决的,或者能够进行部分或全部解决,但不能确定自己的解释是否正确,需要在课堂中与老师和同学讨论后才能确定。通过课前学案的预习，学生产生问题，有学习的冲动，带着问题进入课堂，就能够很快、很好地投入到课堂学习中。这样的课前学案，由于学生已经对自己的问题进行了思考和预先解决的尝试，就很容易在小组合作学习中进行交流，提高合作学习的效率。

"课中学案"是引导学生高效地参与课堂教学的方案。主要是介绍课堂教学中将要进行的各种教学活动，以及该学生在活动应该有的行为和注意的问题。所以，课中学案也不要有习题的形式，而是将教师设计的教学流程以活动的形式告知学生，使他们在上课前就对课堂教学过程有所了解，并为参与课堂教学做相应的准备。在课堂教学活动的设计中，为了促进学生思维、积极参与，在活动安排上有意地"留空白"，使学生能够对教学活动的安排也有所思考。课中学案还会介绍教学活动的一些要求，如课堂实验的具体做法和注意的问题，讨论中对学生发言的期待等。从课堂教学中的作用看，课中学案能够使全体学生跟上教学进度，从而提升课堂教学效率；同时，使学生在参与教学活动的同时能够产生新的问题和思考。我们期望课中学案导学能够帮助学生解决好预习时产生的问题和疑惑，并在课堂教学交往过程中产生新的更多的问题，让他们带着问题进课堂，带着更多的新问题离开课堂。如果能够实现了这样的目标，即使课后没有作业，学生也能够自觉地进行学习和探究，因为他们还有需要解决的问题，还有解决问题的冲动，就能够实现自主、主动的学习。

"课后学案"是给学生在完成课堂教学后，对所学的内容进行巩固，并反映还存在着的学习困惑和要求的方案。在课后学案中，我们安排典型的题目，能够"举一反三"、促进思考的题目，而不是简单的记忆题目，并在学案中留有"我还有的问题""我还想知道的""我的不同见解""我的质疑"等一类供学生反映自己学习后体会和要求的内容。课后学案的量基本上控制在 10—15 分钟，各学科有所差异。

上述学案导学的方法在课堂教学改革前期，对学生使用学案进行指导和培训，对教师的学案编写则从"学案导学"方法的本质上进行分析，保证学案的质量，坚决杜绝"学案作业化"的现象，发挥学案的作用。在执行一个多学期后，我们适时引进了"分层学案"，就是要求教师在编制学案时，按照学生的学业水平，编制高、中、低三个层次的学案。为了避免将学生进行"贴标签，分三六九等"，我们还是用一张学案，由学生自主选择所完成的学案内容和任务，教师做适当地指导。而且，根据学生不同学科的学习水平不一样的特点，鼓励某一学生在某一学科中选择高层次学案，另一学科中选择其他层次的学案,做到分层不分地位和名次。

2.小组合作机制

以小组合作作为课堂教学中师生和学生交往的学习形式,是现阶段大班额制的一种比较好的合作学习形式。由于我们安排了专门的章节介绍小组建设和小组合作,在这里就小组合作中的一些原则性问题进行分析。

协作与交往是学习力要素中重要组成部分,也是实现学习力提升的主要途径。在学校和课堂教学中,学生处于一个学习集合之中,从客观上就不可能避免合作的问题。同时合作学习对学生的学习是有帮助的,能够借鉴学习同伴的观点和方法,来矫正和检验自己的观点和方法,从而促进学生的思维水平。

小组合作中公平、平等的原则是第一位的,小组同学是为了完成共同的目标进行合作学习的,不是成绩优秀学生对成绩差的学生的辅导(这点很重要,可以消除家长的顾虑和阻力)。在小组学习中组员之间是平等的,首先要保证有一套小组合作的规程,可以通过小组讨论来形成,作为组规来执行,也作为合作学习的评价指标来监督。小组合作另一个重要的措施是让每一个组员都有任务,都扮演着自己的角色,而且这种角色是处于轮换之中的。要求学生做到“三个明确”。明确小组合作的方法与形式,使学生能合作、会合作;明确每个成员的职责,根据各自的个性特长,设立形象代言人、联络员、发言人等头衔;明确竞赛规则,只有明确组内、组间的竞赛规则,学生才能参与小组合作中的竞争学习。小组合作学习发挥了人的主体活动能力,培养了学生的责任感、合作精神和集体精神,大大提高了教学效益、学生学习能力。

3.过程评价机制

过程评价是对学生学习过程中的表现适时做出的一种评价。评价能够使学生及时知道现在的学习情况,学习中取得的进步和成绩得到巩固,对存在的问题及时发现和纠正。在过程性评价中,我们强调了评价的客观性和可接受性,在过程中大量引入学生的自我评价和学生之间的评价。如一位同学完成了代表小组的发言,我们会问学生自己给自己打多少分数,其他同学是否同意。如果大家都同意,这个分数就是该学生的分数。如果不同意,则可以利用同学之间讲道理式的发表不同意见。掌握全班同学的学习情况和认知水平,还能够促进学生学会正确的交流和讨论的方式方法。教师的评价有时不直接给出,有时参与到学生之间的讨论中,有时做出总结性评价。

过程性评价中以积极、鼓励的方式为主,强调对自己和同学的意见的辩证认识，不要只是纠结某一方面，要整体看待同学和自己。同时使用课堂教学评价记录表，及时进行记录。将课堂教学评价和学生及小组的其他方面的表现结合在一起，就形成了一个整体的评价。并出现了对学习、卫生、纪律等各项活动与小组考核实行捆绑式评价，堂堂有评价、日日有评价、周周有评价、月月有评价、年年有评价，落实了小组评价机制，使小组合作更具实效性如表 4-1、表 4-2、表 4-3 所示。

表 4-1　小组合作学习组评价表

项　目		要　求	小组得分
课堂展示	参与广度	全体组员都积极参入小组活动	小组按等级制打分，分别为 5、4、3、2、1 分。
	角色分工	每个成员都有相对固定的角色，职责明确（如组长、记录员、发言人等）	
	有序交流	能在组长的协调下按照一定的顺序讨论、发言	
	倾听质量	全体成员都注意倾听他人发言，相对安静，并能抓住他人发言的要点	
	创新意识	有新思路、新办法、新观点，会从不同角度看问题	
	整合意见	能求同存异，积极悦纳别人，共享观点，善于整合全组意见	
	展示方面	语言规范礼貌，表述清楚流利，解决问题到位	
课外方面	作业情况	能按时完成作业，不拖拉。给小组加 1 分；书写整齐，错误少，加 1 分	
	纪律	课间、自主学习、自修课的纪律，由纪律委员按班级制度执行，一般按每人次给小组加减 1 分	
	卫生	卫生委员按班级制度执行，按每人次给小组加减 1 分	
	两操	体育委员按班级制度执行，按每人次给小组加减 1 分	

表 4-2　教师评价观察量表

组名	预习				小展示				大展示				点评				总结				作业			
	C	M	E	S	C	M	E	S	C	M	E	S	C	M	E	S	C	M	E	S	C	M	E	S
梦之翼																								
满天星																								

续　表

组名	预习				小展示				大展示				点评				总结				作业			
	C	M	E	S	C	M	E	S	C	M	E	S	C	M	E	S	C	M	E	S	C	M	E	S
紫罗兰																								
仙人掌																								
蒲公英																								
风铃草																								
反　思																								

表 4-3　小组合作学习过程性评价表

		小组成员	陈	汤	谭	韩	孙	裘
组内合作小展示	倾听	不认真						
		认真倾听						
	讨论	只听不说						
		能表达，只读答案						
		表达观点，原因						
		能够观点、原因及思路						
	合作的有效性	进展慢，成果不明显						
		有一些进展或成果出现						
		有实质性的进展或结果						
	完成情况	任务不能按时完成						
		任务能够基本完成						
		任务能够完全完成						
组间交流大展示	讲解质量	次数						
		对照导学案读一遍答案						
		概括讲解						
		能清楚表达观点，原因						

续　表

		小组成员	陈	汤	谭	韩	孙	裘
组间交流大展示	讲解质量	表达观点，原因及思路						
		观点、原因、思路、举例						
		讲解不全面、不完整						
		讲解完整、全面						
	倾听情况	不认真倾听						
		认真倾听他人发言						
		无效问题						
		有效问题，经讨论，可得出结论						
		有效质疑问题，说出自己想法						
		创造性问题						
	辩论	次数						
		辩论点无意义						
		辩论点有意义，但各执己见，不倾听不能解决问题						
		倾听别人的观点，并结合自己的思考，得出结论						
		无效点评，与题意不符、错误、重复						
		补充点评						
		纠错点评						
	总结	不能很好地总结						
		总结完整、全面						

　　按照上述三个课堂教学改革的机制，通过学校、教务处、年级段、教研组、备课组、任课教师的讨论和实践，并进行了适当的修改，经所在学校的"名师工作室"专家层面的认定，形成"三分三合、以学定教"的教学模式如表4-4所示。

表 4-4 "三分三合　以学定教" 教学流程与要求

步骤	学生要求	教师要求
一分 （独学）	课前自学： 1.快读课本（3—4分钟） 要求：看标题，了解本节概要——语文文体、内容；数学知识点；英语句型语法；科学知识点；社会知识点——只要知道即可 2.精读课本（5—6分钟） 要求：用红色笔把课本中的重要知识点标出或疑难点以问题形式呈现，杜绝一划到底的现象 3.完成导学案上的内容（8—10分钟左右） 要求：仔细阅读导学案的每块内容，必须用笔将重点内容圈画；尽量一次性完成导学案；保证将课前自学交流的内容完成	1.指导学生自主学习的方法 要求：文本形式告知、指导学生自主学习的方法，并在课堂上多次强化 2.检查学生自主学习 要求：教师适时到各组检查学生学习情况 3.完成导学案 要求：自主学习前发给总课代表，看书自学后由各组课代表下发；自主学习结束就上交教师办公室。归纳总结学生预习中的主要问题 4.用红笔完成自己的导学案，和学生一样认真填写完整。
一合 （群学）	小展示前分工： 1.上课前课代表将批好的导学案下发至各组学科组长 2.各组学科组长将本组第一张导学案上预习分数抄写至黑板预习得分处 3.学科组长根据组内学生导学案完成情况及学习能力分配小展示任务	1.导学案的批阅 要求：要求全部批阅 2.根据学生完成情况按多个等级评分（组基础分5分，根据质量再分别加1、0、—1分）。批阅后以组为单位将每组预习总得分写在某组第一张导学案上 3.二次备课（用红笔）：在自己的导学案注明小展示、大展示、当堂时间；不用大展示和必须大展示的题目；批阅后确定应补充的内容或活动
二合 （群学）	学生小展示： 1.上课铃响后，教师或课代表宣布开始 2.小展示组织：以六人为单位在学科组长带领下，站立并聚拢音量适中地依次阐述各自分到的问题 3.小展示方式：站在组内轮流交流；走上黑板边画边讲；借助物品仪器演示说明 4.小展示提示：①一般10分钟左右；②重点是基础内容；③发表自己的见解和观点，聆听同学的观点，进行比较；④疑惑之处可以全组交流或询问教师	1.管理：巡视各小组展示情况，帮助、解决小组问题，对共性问题或优秀的解题思路、方法及时记录，并对每一小组展示情况做出评价 2.指导：不能游离于小组之外，必须深入各组听学生交流，并加以指导解决问题 3.分工：①重点内容；②难点内容；③巡视时发现小组中存在的共性错误问题或好的解决方法；④最后3分钟左右给展示小组和点评小组准备

续　表

步骤	学生要求	教师要求
三合（群学）	学生大展示： 1.语言规范：口齿清楚，声音洪亮，尽量脱稿（同学们好，下面我代表 XX 组展示第 X 内容，……我的展示结束了，请问大家是否还有别的意见！ 2.方式多样：①站在位置上单独讲解，全体同学参与，有主持、有讲解、有总结、有追问；②离开位置或走上讲台，有板书，有示范；③以生动有趣的有创新意义的展示；④展示时面向大多数同学 3.赋分有别：上台展示的同学按勤学、善学、乐学，教师把握给分，多人参与取均分或综合取分，尺度相同均可 4.同组的同学可上台补充、协助、不能点评 5.点评内容包括：认可优点、不足、补充完整、新方法、提出疑问等	1.培训：教师随时对全班同学进行展示培训，如语言规范、站姿规范、坐姿规范、板书规范、总结规范、点评规范等 2.追问：针对学生没有讲解清楚的问题，请学生重新复述或进行追问、启发，尽量不直接讲解 3.介入：多媒体介入，学生点评或争论偏差及时介入，学生展示点评不到位及时介入 4.点评：针对同学表现，及时赋分、语言激励、肢体评价等 5.注意：尽量避免所有的内容都进行大展示，每组都有机会
二分（独学）	课堂小结： 1.人人反思小结，书写本节课的主要收获，教师可用实物投影辅助。小结还可以编顺口溜或游戏的形式进行 2.单元或章节结束以画知识树的方式小结，构建知识体系	1.做好两方面的小结准备，事先在导学案上准备好，据学生的小结适当补充和归纳 2.多尝试编顺口溜和画知识树
三分（独学）	当堂检测： 1.学生独立完成当堂检测 2.学生完成当堂检测后教师给出正确答案，同组同学相互交换批阅，学科组长汇报检测情况	1.当堂检测的题量适中，一般不超过 5 分钟，以基础内容为主 2.内容可以设计在导学案中 3.教师根据检测结果进行针对性辅导

　　为了使三分三合教学模式发挥很好的作用，我们还从学生整体发展的角度形成了"让每一个学生获得理想的发展与成功建设框架"，使课堂教学改革与学校教育改革相结合，回归学校的教育本质，如表 4-5 所示。

表 4-5 让每一个学生获得理想的发展与成功建设框架

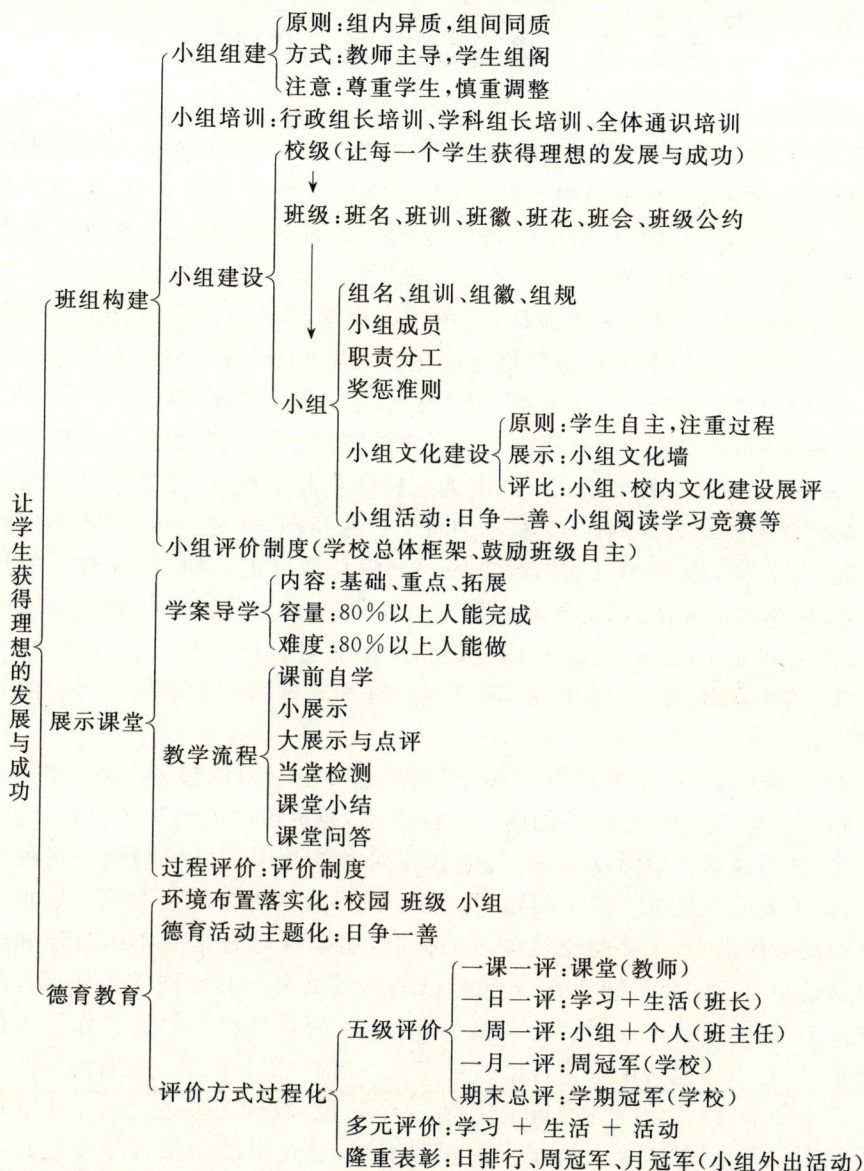

让学生获得理想的发展与成功

班组构建
- 小组组建
  - 原则：组内异质，组间同质
  - 方式：教师主导，学生组阁
  - 注意：尊重学生，慎重调整
- 小组培训：行政组长培训、学科组长培训、全体通识培训
- 小组建设
  - 校级（让每一个学生获得理想的发展与成功）
  - 班级：班名、班训、班徽、班花、班会、班级公约
  - 小组
    - 组名、组训、组徽、组规
    - 小组成员
    - 职责分工
    - 奖惩准则
    - 小组文化建设
      - 原则：学生自主，注重过程
      - 展示：小组文化墙
      - 评比：小组、校内文化建设展评
    - 小组活动：日争一善、小组阅读学习竞赛等
- 小组评价制度（学校总体框架、鼓励班级自主）

展示课堂
- 学案导学
  - 内容：基础、重点、拓展
  - 容量：80%以上人能完成
  - 难度：80%以上人能做
- 教学流程
  - 课前自学
  - 小展示
  - 大展示与点评
  - 当堂检测
  - 课堂小结
  - 课堂问答
- 过程评价：评价制度

德育教育
- 环境布置落实化：校园 班级 小组
- 德育活动主题化：日争一善
- 评价方式过程化
  - 五级评价
    - 一课一评：课堂（教师）
    - 一日一评：学习＋生活（班长）
    - 一周一评：小组＋个人（班主任）
    - 一月一评：周冠军（学校）
    - 期末总评：学期冠军（学校）
  - 多元评价：学习 ＋ 生活 ＋ 活动
  - 隆重表彰：日排行、周冠军、月冠军（小组外出活动）

第三节　课堂教学模式的解析

　　自从我国开展课堂教学改革的研究与实践以来，已经涌现出不少成功的课堂教学模式。杜郎口中学创立的"三三六"自主学习模式，以导学案为载体，其特点是将课堂还给学生，大部分课堂时间由学生支配，教师只在很少的时间内进行指导和帮助。"五步互动"教学模式，由杜郎口中学的教学模式发展而来，以导学案为载体，应用于高中学科教学，该模式包括"导学习得""合作交流""教师点拨""训练内化""反思提升"五个教学步骤。以后还有洋思中学"先学后教、当堂训练"模式、浙江省昆铜中学的"三步六查"教学模式、浙江省义乌廿三里中学及联盟的"315大课间"，再到我们称之为"三分三合"的课堂教学模式。所有的这些课堂教学模式，尽管来自不同的教学实践的总结，但都有一个基本的教学目标指向，就是"一切为了学生的发展，为了学生发展的一切"，都是回归到学校教育的本质，体现教学的本质，反映学习的本质，都是异曲同工。在教学中，这些模式都在强调学生主体、自主学习，都在体现探究、质疑、反思，都通过合作、交往、实践和活动，都基于学生的原有基础和经验，而这些关键词正好构成了学生学习力的基本要素。

　　"三分三合"教学模式中，"一分"是学生自主学习的过程，学生使用教材和导学案，对即将要学习的内容进行预习，通过预习明确学习目标、学习任务，熟悉课堂教学活动安排，为能够在课堂教学中积极参与做好各种准备，最重要的是让学生产生问题、发生兴趣、形成学习冲动。"一合"是小组层面的合作学习，主要是交流预习的体会，明确课堂教学的小组合作和全班活动中自己的角色和任务，知道自己的预习结果与其他同学包括老师的观点的异同，再一次反思自己的观点和见解，为课堂教学中的合作学习做好准备，也为课堂讨论中为自己的观点进行辩护做好准备。前面的一分一合两个环节，都是课前的准备工作，在这个阶段，教师主要通过对学生课前导学案的完成情况，来了解学生的预习情况，通过批改学案对学生进行指导，通过二次备课来设计更加符合学生实际、符合学生思维水平的课堂教学流程，为课堂教学的高效、有序进行做好准备。

　　"二合"是课堂教学开始，及进入小组合作学习与交流的过程。这个过程的自主性体现在以小组为单位的小集体的自主，各个小组根据小组的学习任务、小组同学预习产生的问题、各位同学对问题的见解和解释，通过个人发言、集体讨论或辩论(找证据)等过程,形成代表小组的意见和见解,并为进入下一步学习进行准备和分工。在这个环节中,教师通过巡视各小组的交流讨论情况,掌握各小组存在的问题,为组织好"大展示"环节做好心理准备,有时可能还要调整原有的教学设计过程。"小组展示"结束后,进入"大展示"——"三合"环节。每个小组派代表展示自己小组讨论交流的观点和解释,并聆听其他小组的介绍。对于每一个小组的介绍,鼓励每一个同学提出问题,发出质疑,参与辩论。"三合"这一个过程是班级层面的自主学习过程,通过全班同学一起探究、合作、交往,反映大家的学习成果,形成对学科知识与技能的集体构建。在这个环节中,教师除了聆听学生代表的介绍外,还要参与到学生的讨论或辩论之中,适时对不同观点和学生的学习行为做出过程性评价。教师的参与,在很大程度上解决了课堂教学中学生讨论或辩论时的无序问题,也能够保证课堂教学按照教学设计按时完成。"二合""三合"是小组和班级层面的合作学习,能够强化学生的班级意思和集体荣誉感、责任感,能够体会到这种合作过程的成功和共赢的快乐,从而提升学生的学习力水平。

"二分"是完成"大展示"后,每一个同学对整堂课的学习进行自我总结的过程,完成学习反思的过程,也将课堂中知识点进行联系,有利于形成知识体系,提升解决问题和知识迁移的能力。教师在这个过程中,除了了解学生的反思结果外,主要是指导学生完成知识的联系,促进学生知识迁移和应用。而"三分"是课堂检测的过程,是对学习效果的形成性评价,由于是学生独立完成检测任务,同时又是同学之间、老师和学生之间进行评价,学生的自主性和同学之间的合作性得到体现。及时的检测既可以了解学习的效果,也能够巩固学习的内容,还可以减少课后的作业。在"三分"部分还要求学生写出自己还想探究的问题、自己还不明白的问题,为课后的自主、主动学习打好基础。教师通过参与学生的检测活动,知道学习效果;通过课后导学案中学生的问题和期望,了解学生情况,为下一节课的学案编制和教学设计做好准备。

"三分三合"教学模式对于不同学科的教学,允许并要求体现出学科学习的特色,体现出教师教学风格。但仍强调模式的共性。第一,在教学目标上都不满足于教科书上的知识和技能,而是强调培养学生的自学能力和发展学生的智力;第二,在师生关系上,主张学生主体、教师主导,强调以学生的学为中心,教师的教服务于学生的学;第三,在教学组织形式上,提倡班级授课和个别教学相结合,教师讲授和学生自学相结合;第四,在教学的基本顺序上均强调先学后讲;第五,教师的作用定位在引导、点拨、答疑解感等方面。关键的问题是关注学生思维活动和思维质量，关注学生学习的自觉性和主动性，关注学生学习方法的学习和掌握，关注学生学业水平的提升。

任何一种教学模式都有其优点和局限性，"三分三合"教学模式的最主要的局限性是教师的时间和精力问题，由于基础教育中教师编制的限制，师生比还是比较小，每一个教师的教学任务相当繁重，要求他们能够执行教学模式中的各种任务，势必使我们的老师疲于应付。特别是刚刚开始课堂教学改革的时候，教师不仅要转变观念，还要学习新的备课方式和课堂教学范式，改变原来熟悉的教学方法，接受学生评价，等等，要实现这些变化需要付出很大的努力。

教学模式是教育理论指导下的教学实践的总结。教学模式的建立并不是研究的目的，通过教学模式的实践来提升学生的学习力才是模式构建的本意。一线教师完全可以根据教学实际情况，在教学实践中走出一条建模、磨模、多模、到无模的途径，达到教学的最高境界。

第五章　自主学习与小组合作学习

自主学习与小组合作学习是基于提升学习力的课堂教学改革实践的两个重要的教学策略，自主学习和小组合作学习都针对学生的学习，针对学习力的提升，其目标指向是一致的。但是在教学安排，特别是学习任务、学习时间的安排上还是会产生一些冲突。在课堂教学中，如何安排自主学习和合作学习的关系，如何使两个学习方法能够有机的结合，在教学实践层面来说是一个重要的问题。

第一节　自主学习的本质与条件

一、自主学习的本质

什么是自主学习？或者说怎样的学习能够称之为自主学习？是否凡是学生自己独立完成的学习就是自主学习？搞清楚这些问题，对于课堂教学中开展真正的自主学习很有必要。而明白自主学习的本质，还需要回到前面介绍过的关于学习的本质之中，自主学习是学习的一种。如果我们认可学习是学生自己大脑加工和建构的过程，那么，任何学习就都包含着一定的自主因素。但是，我们说的自主学习是指学生自发的、主动的、能够自我决策的学习过程。

自发的是指学生的学习动机，是自己愿意，出自自己对学习的需求而发生的学习过程。在学案导学中，我们强调提供学习资料，让学生产生相关的问题，产生想要搞清楚的问题，就是出于学习动机而设计的。学生只有自发地学习，才能保持学习的可持续性，才能有耐力、有克服困难的毅力。自发的学习，学生能够在学习中得到快乐和幸福，学习不再是一件痛苦的事。近几年提出的"快乐学习"就是建立在这个道理之上的。

主动学习是在自发学习的基础上，学生在学习时间安排、学习内容选择、学习方法和过程选择等方面表现出来的主动性。我们多次提到现在学生不能自己安排学习，是被动地跟着老师学习，如果离开老师就不知道怎样学、学什么了。如果能够在课堂教学中引导学生进行主动地学习，不仅能够很好地完成学习任务，更重要的是使学生养成了好的学习习惯，掌握了好的学习方法，形成终身学习的能力，提升了学习力。

自我决策学习过程是一种建立在自发和主动学习的基础上的，学生对自主学习的高层次的学习状态。在元认知学习理论中，自我决策学习过程达到了元认知学习的三个层次的自我监控层次，最高层次。如何帮助学生实现自我决策学习过程，是课堂教学中教师必须注意的问题。

二、自主学习发生的条件

任何事物的发生都是内因与外因相互作用的结果，自主学习的发生也是由学生的学习动机和外界学习环境两个条件共同作用的。

学习动机是自主学习发生的内因，起决定作用。所以，我们在实施课堂教学改革中，首先是解决好学生的学习动机问题。七年级新生来自不同的小学，对学习的认识存在比较大的不同，大部分学生处于"朦胧"阶段，他们知道学生要学习，也想取得好的学习成绩。但是，由于小学没有比较完整地进行学习观的建立，基本上是停留在口头"说教式"教育之上，基本上是学生跟着老师学习，或者是家长要我学习，为了做老师的好学生和家长的好孩子，为了得到某种奖励，学生才按照老师或家长的安排进行学习。尽管，这种学习动机有一定的"内生"性，但还是谈不上"自觉""我要学"。面对这种现实情况，我们通过和家长沟通，说明缘由，请家长适当放手，不要管得太死。开任课教师会议，说明理由，要求注意学生学习动机的引导。但是，最主要的是对学生进行专题讲座，讲座不是说教式的，而是以班会活动的形式，进行讨论和谈心，通过通俗易懂的例子，通过谈笑之间的交流，帮助学生认识到学习是"我自己的事情"。在后面谈到的十次学生学习动机和学习方法的讲座中，第一次的主题是"我是谁"，认识自我；第二次的主题是"我怎么办"，还是围绕学习动机。并结合周日外出郊游的游戏活动，使学生逐渐认识到主动、自主学习的重要性。改变说教、改变教条是引导学生认识学习的关键。蹲下身和学生谈心交友，使他们相信老师，成为"好朋友"，成为学生有困惑需要"发泄的对象"。只有真正了解我们的学生，才能找到引导学生建立正确的学习动机，才能在接下来的学习中保持足够的动力和毅力。在关于学习力提升的课堂教学改革中，我们最满意的就是对学生学习动机的引导工作。

学习环境构成自主学习发生的外部条件。由于学生还没有完全具备自己规划未来的能力，还处于生理与心理的成长期，外部的学习环境对学生的自主学习将起到"不可或缺"的作用。良好的校风、班风，自主而严格的小组规章，良好的师生关系和同学关系，都是自主学习发生的重要的外部条件。除了上面介绍的班风和小组建设外，我们重点地抓了"好学生的标准"。彻底地改变了原来"成绩好就是好学生"的标准，除了学习成绩外，主要比的是"学习进步""问题的多少""思维的表述情况""同学间的帮助和共同进步"，除了比学习，还与初中生行为规范、社交礼仪结合起来，共同营造一个促进自主学习的外部环境。

第二节　合作学习的效率

合作学习不仅是学习力要素中"协作与交往"的重要组成，也是提升学生学业水平的重要途径。合作学习在学生中的作用已经得到教育理论和教学实践的论证与检验。因此，我们谈合作学习时，主要介绍如何提升合作学习的效率问题上来。

与其他学习方式一样，合作学习的组织比较容易，但如何提升合作学习的效率，避免停留在表面和形式上的合作学习，对基础教育工作者的实践更加具有指导价值。

谈合作学习的标准就必须先解决合作学习成效的标准，就要从为什么要进行合作学习，通过合作学习要达到怎样的目标或者要改变怎样的学习状态等问题。经过查阅文献，学习国内外合作学习的成功经验，并结合"学校名师工作室"和教师教研活动，我们确定了合作学习的目标。合作学习是为了提升学生的学业水平，合作学习是为了提升学生协作与交往的水平，合作学习是为了每一个学生能够在学习活动得到成功的享受、得到人格的升华，合作学习是为了学生整体素质的提升（包括性格、气质、勇气等心理要素）。如果我们同意这样的标准，我们就需要寻找怎样达成这些目标的途径、策略与方法，就要拿这样的标准去衡量我们组织的合作学习。凡是最大程度上帮助学生实现这些目标的，我们就说其进行的合作学习是高效的。

学校教育本身就是一种合作学习的形式，它区别于早期的私塾教育，在学校中同学们生活、学习在一起，就不可避免地相互影响，相互合作，共同完成学习任务。在完成学习任务的同时，学习交往，结交朋友，学会处理人与人之间的交往问题，形成相应的能力。对于初中学生而言，已经比较适应大班额的授课形式，也有一定的合作学习的经验和体会，但是，在什么情况下需要自主学习，什么情况下需要合作学习，如何进行合作学习，怎样处理合作学习中遇到的问题和困难，等等，还需要很好的引导和帮助。

我们在课堂教学改革的实践中，以小组合作为主，班级合作其次，课后自发的合作学习为辅的原则，构建学生的合作学习形式。在这种合作学习形式中，小组建设是最为关键的，以小组为单位进行合作并参与到班级层面的合作学习，是我们组织课堂中合作学习的灵魂。

如何看待自主学习和合作学习的关系？如何在合作学习中体现自主和自身的价值与作用？要明确学生的学习是自己的事情，学习必须是按照自己的需求来进行设计和实施。在此基础上，强调合作学习对学生学习的作用，它能够帮助同学完成自主学习过程中无法完成的学习任务，促进学生学业水平的提升。还要强调合作学习中每一个学生的自主性，就是在小组或班级层面的合作学习中，要发挥学生个体的主观能动性，尊重学生自己的观点，在没有认同多数人的观点的情况下，允许他们保留自己的观点，并鼓励他们不断地寻找证据来验证自己的观点，最终达成正确的观点。

如何为处理好教师在合作学习中的地位和作用？教师要认真组织学生的合作学习，引导合作学习朝着有序、高效的方向发展。同时，教师要作为合作学习中一员，参与到学生的合作学习之中。教师的参与是学生提升合作学习的保障。参与到学生的合作学习之中，就要保证教师和学生在学习中的平等，观点的等价，不能以"权威"的身份出现在学生的合作学习中。

第三节　小组建设

一、小组建设的原则

小组是学生进行合作学习的主体单位。建立学习小组是为了更好地促进学生的合作学习，帮助每一个学生都能够在小组合作学习中获得学习的快乐、提高学习兴趣、提高学习成绩、提升学习力各要素的水平。在这样一个总的目标下。在小组建设中，我们把持了以下原则。

1.组间同质、组内异质

组间同质、组内异质是国内外开展合作学习,并取得优异成果的学校和单位所共同遵守的原则,也是目前大家普遍接受的分组原则。组间同质,保证了班级层面合作学习时,各组之间开展竞争的一致性和公平性,各组之间相同的学习基础,才能保证很好地开展班级层面的合作学习;组内异质,是开展小组合作学习的基础,差异化的组员,能够在组内发挥他们各自的优点,产生性格、能力、学习基础等多方面的互补作用,只有互补作用更加明显,互助的作用或者说内在动力才能更好地产生和持续。必须指出的,组内异质绝不是或者说绝不只是"学习成绩好的同学对学习成绩差的同学辅导"。在小组学习中,需要各个组员之间发挥各自的优点,履行各自的责任,就像我们的社会,不仅需要精英人士,也需要社会各阶层人士,只有大家共同的努力,才能形成和谐的社会、发展的社会。

2.人人平等

小组同学之间平等,才能开展真正的合作,要承认小组同学之间存在差异,也要看到小组同学中每一个人都有自己的特长和优点。当每一个人的优点都得到发挥,每一个人的长处都得到尊重,起到作用,小组的学习就能够有长足的进步。

人格上的平等是"人人平等"的最基本要求,要让小组内每一位同学都学会尊重其他同学,也尊重自己。在尊重人的氛围下,每一位同学就能够体会到小组的凝聚力,就能够自觉地为小组的进步和荣誉做贡献。人人平等还是小组内学习交流的前提,每一个人之间的平等,保证了交流机会和交流中的聆听、讨论、协商和辩护等环节的进行,保证了每一个同学在小组学习中的进步和学习力提升。

小组工作分配上体现人人平等,不仅组长是同学们选的,还保证组内每一个同学都有职务,分担或负责某一块工作,如小组中除了组长、副组长外,每一个同学分别担任各科的学习组长,在组内合作和组间交流中,组员之间也有具体分工,使小组的合作学习有条不紊地开展。

人人平等的另一面意思就是"人人有责",不仅是在小组中有职务,承担具体的工作,享有一定的权利和荣誉,还必须对自己承担的工作负责。将责任、任务、荣誉结合在一起时,同学承担工作才会主动,才会有创意,才能增强小组的凝聚力和战斗力。

3.集体进步

既然小组是小组成员的学习共同体,小组成员的每一个同学个人进步就自然地与小组集体进步相结合。在课堂教学转型的学习评价中,我们就专门设计了学生个人评价、小组评价，并将个人评价和小组评价结合。当小组同学取得进步，得到表扬和分数奖励时，该同学所在的小组也能够得到相应的分数奖励，相反，如果小组同学违反规程、被批评和扣分数，该小组的总分数同样受到影响。这种评价方式，促进了组内同学之间合作，大家明白，只有组内同学都进步，小组才能取得好的分数。小组评价与个人评价结合、集体进步的背后是集体荣誉感的增强，而集体荣誉感就是学生责任感的一个重要部分。在小组建设中，围绕着集体进步，在小组组规、组名、组花、小组分工等方面，充分发挥民主，班主任基本上不参与，只有在小组内争论很大时，才会介入了解，并帮助分析，进行引导，但是，绝对不做出指令性的意见。

4. 成员自愿

在小组建设时，每一个小组成员都自愿参加该小组，或服从分配，保证小组内同学之间的融洽和谐，为合作学习打好基础。经过一段时间的学习后，还引入小组成员的变动和"人才交流"，在学生要求、学生自愿的前提下，适量地调整各小组之间的成员，保证班级层面的合作学习的开展，保证组间同质。

二、小组建立

38 人学生的班级，分成 6 组，6—7 人一组，每小组设组长一人、副组长一人、每学科组长一人。组长抓学习，副组长抓常规（纪律、卫生、日常行为等）。学科组长具体负责本学科的各项学习工作（收发学案，指定展示代表、发言代表，问题收集，积分统计等）。组内分工有同学讨论决定。分组时，为了保证组间同质、组内异质，提出从学习成绩、学科差异、性别比例、性格差异、管理能力、表达能力、交往能力、协调能力等多方面来进行选择和分配。小组评价从勤学、善学、乐学三类指标进行，各任课教师协助。

每个小组确定组名、组徽、组训、组规和小组奋斗目标，起到约束和激励的作用。教室布置有利于小组学习，在小组学习的情况下，6 人的学习小组组合对坐，对面是"学习对子"，临近是"帮扶对子"，6 人组成一个紧密的讨论小组，有利于合作学习、交流。在教室周围设立展示牌。

建立竞争机制。在师生互动，学生之间互动中形成良性竞争，在组与组之间，组内成员之间进行交流与讨论，形成多元网络形式的互动，在学生中形成"学习是自己的事"的理念。

建立评价机制。做到学习表现与生活行为相结合，过程表现与终结评价相结合。评价内容分学习表现与进步，生活表现与进步两大类。学习表现与进步包括早读、自修、预习情况、作业情况、课堂表现；生活表现包括纪律、两操、卫生、德育。争取每天做一件好事，动一次善念，从课堂、课间、两操、就餐、安全等多维度进行评价，实现学生的全面发展。

纪律情况，纪律委员检查各组员所做事情与学习相关性，按等级制打分。课堂中学生个人表现由科任教师酌情给出分数，征求同学们的意见，在半数小组成员同意的情况下，记入成绩单；如果出现不同意情况，请不同意的小组发表意见和陈述理由，再征求各组意见决定。课堂表现定级方法打分依据：按讨论情况、发言情况、倾听情况、纪律情况综合评判。每项按等级制打分，分别为5分、4分、3分、2分、1分。每周、每月、每学期评定优秀学习小组，并给予相应的奖励。

周优秀学习小组的产生：小组积分＝学习得分＋生活得分，积分最高的组为该周的优秀学习小组；个人积分＝个人一周各项得分之和（还包括参加各类比赛、评比、上远航报），积分最高的个人分别可以获点评之星、进步之星、勤奋之星、智慧之星等荣誉称号。获得校级与班级的展示、表彰（物质与精神相结合）。

月优秀学习小组的产生：关注在本月中积分最高的小组，同时兼顾本月中得周优秀学习小组的次数，小组成员在学习上的进步人数与幅度等。获得校级与班级的展示、表彰，小组长综合素质评定道德品质项记A等。

学期优秀学习小组的产生：在本学期的月优秀学习小组中产生，兼顾小组成员在期末考试的排名，比较进步最多者，为学期优秀学习小组。获得校内和校园展示、表彰与物质奖励，校期末评选三好学生、优秀积极分子优先，该组所有成员综合素质评定道德品质项记A等以及物质奖励。

对于小组中出现违规情况。由专人负责，违规时以"违规通知单"形式通知扣分。通知单中写清扣分原因、分数与被扣分人。做到有奖有罚，奖励为主。

在教学实践中，我们总结了小组建设中应该注意的问题。

（1）组长分工：明确小组分工，不要出现有的同学包揽大部分工作，而有的同学却无所事事的现象。分工用人尽量兼顾公平，谁都不愿做的、最难完成的就是自己的。

（2）角色互换：一段时间后，在小组活动中进行组长角色的互换，让每个成员都能在不同的位置上得到体验、锻炼和提高，并且通过角色互换也能增进组员间的理解。

（3）组间竞争，增强小组荣誉感：小组竞争是建立在个体竞争基础之上的更高层次的竞争。它摒弃了个体竞争所带来的自私、狭隘、孤立的竞争意识，替代的是团结、互助、相互制约的团队精神。通过组间互相竞争，可以让小组成员明晰自己在小组内的职责，让组员发自内心的为小组争光。小组间的竞争是多方面的，有作业、纪律、发言等等。从交流时发言的角度来说，典型的课堂有补充式发言、讲解式发言、反驳式发言等，最为精彩的是补充式发言和反驳式发言相结合，以小组为整体共同应对答辩的活动。

（4）组长培训。组长是小组的灵魂，既是小组活动的领导者又是小组活动的组织者，在合作学习中具有举足轻重的地位。组长应在班主任和班委会的指导下开展工作履行职责，主要包括组织小组的学习和常规管理。对组长的基本要求：①组长带头遵守执行小组内的各项制度，组内的各项任务要最先高质量完成，时时处处带头维护小组、班级、学校的荣誉，起榜样作用，做好示范。②组织组员开展课内外的合作学习，每天至少要组织检查督促组员学习完成情况，落实课内或课外预习、学习交流讨论、各科课外作业并负责记录。③分配小组学习任务，如探究活动、展示活动等。组长应对组员进行分工，以便更好地完成任务，应注意让组员轮流完成查资料、画图、板书、讲解、质疑等各项任务，使每个组员得到锻炼。④组织小组合作学习活动的快速、有序开展。⑤组长遵照小组合作制度对组员进行客观评价并将结果按时反馈给班主任和组员。

第四节　课堂中的自主与合作

在课堂教学中如何开展学生自主学习和小组合作、班级合作学习，是实现课堂教学转型的基本任务和过程。我们在小组建设、学生学习动机和学习方法指导的基础上，形成了高效的课堂教学合作学习的基本形式和过程。

一、课堂教学合作规范

对于习惯于讲授式教学的初中学生来说，为了保证课堂合作学习的效率，提升学生学习力各要素，保证课堂教学质量，在学生讨论、认同、接受的前提下，我们提出了课堂教学的行为规范。

（1）课堂中的学习规范：自学阶段，要独立学习，自主学习，思考自己的学习问题，产生对学习任务的兴趣，并以问题的形式在课前学案中呈现。

自学阶段不能打扰别人，保持相对安静；交流阶段，全组同学站立，轮流发言，一人发言时，其他小组成员注意倾听、记录，要等别人说完，才能发表自己对这个问题的不同意见和补充意见；展示阶段，不能推诿，轮流展示，一人展示完，其他人补充完善，要认真倾听同学的发言，积极思考，提出自己对问题的看法和见解。

（2）课堂中的交流程序。不仅要校对答案对错，思考其他同学的分析和见解是否正确，而且要搞清为什么错，出现错误的原因是什么，用到了哪些方法，体现了哪些思想，等等。积极发表自己对其他同学展示中问题的见解，主动发表意见。交流中避免"抬杠"，要讲道理找证据，要分析和推理。同时，对正确的表示已经能够接受，对不能接受的意见发表不能接受的理由。

（3）课堂中的提问要求：学会课堂教学中提出问题的技巧。将小组内有异议的、不能解决的问题，小组认为有价值的问题，蕴涵思想、方法的问题作为课堂讨论中问题的主要来源。要求提问的问题必须针对课堂教学中的学习内容，避免提出与课堂教学内容无关的问题。对特别强势的学生发言进行适当限制，如每节课发言不超过 3 次，让这样的学生选择最能体现自己水平的问题发言，把机会让给更多的同学。当有两个以上同学竞相发言时，学习成绩好的同学要主动把机会让给别的同学。

（4）课堂中的点评争辩制。同学之间可适时点评别人的发言，倡导就不同意见进行争论和辩论。辩论中必须"摆事实、讲道理"，做到以理服人。要学会欣赏别人的不同意见，用赞许的眼光看待其他同学的意见和见解。评分结果得到多数小组的同意。

二、教给学生合作技能

小组合作学习作为一种新的学习方式，一开始实施时，学生在学习的方法上不免有些生疏，合作时不免七嘴八舌乱讲一通，或是干脆不说坐享其成，或是人云亦云盲目随从，对小组内的意见无法提出真正意义上的赞成或反对。因此，要想有效地开展小组合作学习，应该教给学生一些基本的合作技能。

（1）发言。①先准备后发言，谈看法要有根据，能说清理由，不信口开河；②发言围绕讨论中心，不东拉西扯；③语言表达力争简洁明了；④别人提出疑问，要耐心解释，要尽可能做出令人满意的答复；⑤个人汇报时，声音响亮，使在教室对角线位置的同学也能清楚听到；两人讨论时，温文柔和,像说悄悄话时的音量;组内集体讨论时,声量清晰,让小组内成员听到即可,不影响其他组讨论。

(2)倾听。①聆听别人发言时,眼睛要注视着对方;②以微笑、点头,表示感兴趣或者赞许;③努力听懂别人的发言,边听边想,记住要点;④边听边分辨出和自己发言相同的内容,自己发言时不重复;⑤不要打断别人的发言,有不同意见要耐心听完别人的发言后再提出;⑥别人发言如有疑问,请对方解释说明时,说话要有礼貌,要用"是否请您"或"您是不是可以";⑦学会站在对方立场考虑问题,体会别人的看法和感受。

(3)求助。①遇到学习上的困难,可向同学请教,要让别人明白你不懂、不会的地方;②态度要虚心礼貌,眼睛注视对方;③接受帮助后,应肯定对方对你的帮助并表示感谢。

(4)反思。①虚心考虑别人的意见,修正和补充自己原来看法中不正确、不完善的地方;②勇于公开承认自己的错误,肯定与自己不同甚至相反的正确看法。

(5)自控。①服从组长安排;②遵守纪律,不随便离开座位,不讲与学习无关的话;③小组讨论时,有次序地发言;④服从组内大多数人意见,个人意见可保留,或及时请教老师帮助与点评,或课外与同学交换不同意见。

(6)帮助。①主动、热情、耐心地帮助同学,对被帮助同学不说讽刺、嘲笑、挖苦一类的话,不伤害同学的自尊心;②帮助时,要向同学说清发生困难的原因和解决问题的方法;③对同学说:"有困难找我,我会尽力而为的。"

三、小组评价

小组评价工作分为课中评价和课外评价。

课中评价,即教师按课堂教学流程,促进小组合作学习工作的开展,使小组成员自始至终地积极参与、思考和交流,不是知难而退,而是迎难而上。一节课结束后,在班内指定的位置公布评价结果。各组的综合得分及组员得分情况,一周汇总一次,在班级内外的展示板上集中排序公布,以激励各小组不断竞争、不断进取。

课外评价主要关注学生课堂外其他方面的发展。学校要求,课外小组活动与课堂一样开展合作,主要包括卫生、两操、课间纪律、课外活动、出列、德育等,培养学生良好的合作意识和行为规范。课外常态评价涉及自我管理的效度评价,参与有益活动主动程度的评价,组织活动能力的评价,关心集体、他人及文明礼貌程度的评价如表 5-1 所示等。

表 5-1　小组合作学习组评价表

项　目		要　　求	小组得分
课堂展示	参与广度	全体组员都积极参加小组活动	小组按等级制打分，分别为5分、4分、3分、2分、1分
	角色分工	每个成员都有相对固定的角色，职责明确（如组长、记录员、发言人等）	
	有序交流	能在组长的协调下按照一定的顺序讨论、发言	
	倾听质量	全体成员都注意倾听他人发言，相对安静，并能抓住他人发言的要点	
	创新意识	有新思路、新办法、新观点，会从不同角度看问题	
	整合意见	能求同存异，积极悦纳别人，共享观点，善于整合全组意见	
	展示方面	语言规范礼貌，表述清楚流利，解决问题到位	
课外方面	作业情况	能按时完成作业，不拖拉。给小组加1分；书写整齐，错误少，加1分	
	纪律	课间、自主学习、自修课的纪律，由纪律委员按班级制度执行，一般按每人次给小组加减1分	
	卫生	卫生委员按班级制度执行，按每人次给小组加减1分	
	两操	体育委员按班级制度执行，按每人次给小组加减1分	

评价结果的应用。班级每周汇总一次，评出周优秀小组、周优秀小组长、优秀组员、优秀展示之星、优秀点评之星等，并给予适当表彰与奖励。下周归零，重新计算。每月汇总一次，评出月优秀小组、月优秀小组长、优秀组员、优秀展示之星、优秀点评之星等，并给予适当表彰与奖励。下个月归零，重新计算。学期末在月评价的基础之上，评出学期优秀小组、优秀小组长、优秀组员等，并给予适当奖励。让每个学生都尝试到成功，在和谐、平等、民主的氛围中使每个学生爱合作、会合作，如表 5-2、表 5-3 所示。

表 5-2　小组合作学习日评价表

（　）月（　）日　星期＿＿＿　记载人：＿＿＿

组名	学习	预习	作业	小展示	大展示	点评人及得分	反馈	总结	早读	学习得分
	语文									
	数学									
	英语									
	科学									
	社会									
		两操	就餐	卫生	纪律	争　善	出列	其他		生活得分

备：1.学习类打分一般由教师进行，及时呈现在黑板上，下课时登记到本表中

2.生活类扣分由班级专人负责，违规时将以"违规通知单"形式通知扣分

3.生活类填写时只写被扣分人的姓名及扣的分数，争善一栏只需写上未做好事的人

4.日评价表由组长负责管理，组内轮流登记

5.展示打分依据：讨论情况、发言情况、倾听情况、纪律情况的综合评判

6.组积分＝学习积分＋生活积分；个人积分＝组积分－组点评分＋个人点评分＋个人生活积分

表 5-3　小组、个人一周汇总得分

（　）月（　）日　第（　）周

组员姓名	一周点评分	一周展示分	学习类得分	生活类得分	个人总分	小组总分

四、合作学习中的自主问题

　　课堂教学中强调学习的合作，使同学之间形成一个学习的共同体，实现面向全体学生的教学，实现每一个学生的发展和进步。但是，在合作学习中，还必须清楚地认识到，学习始终或者说最后还是一个自我建构的过

程,自学也好合作学习也好,最后都要落实到每一个学生个体在大脑中的认知和建构,都是同样的目标和学习机理。所以,课堂教学的合作学习过程中,要体现每一个学生学习中的自主性,使合作学习和自主学习有机结合起来,在合作学习中体现自主学习。

　　合作学习是同学之间交流对问题的思考,提出自己的观点,形成共同的认知的过程。如果能够在合作学习过程中。每一个学生都能够积极思考,提出自己对问题的见解,在聆听其他同学意见的同时,反思自己的见解的合理性,寻找事实的真相和内在规律,最终形成能够被自己接受的观点和看法,那合作学习就是学生自主学习的过程。如果只是跟着其他同学的观点,甚至抄袭其他同学的答案来完成作业,那就不是自主学习,而且这种合作学习也是无效或低效的。所以,合作学习和自主学习从学习机理来看,两个并不矛盾,只是学习形式上的差异和不同。要在合作学习过程中体现出自主学习,还是要解决合作学习的"人人平等"的问题,形成每一个学生都是学习的主人的氛围,使学生积极主动地参与到合作学习过程中来。还是要解决每一个学生的学习动机和学习方法问题,能够自觉地参与到合作学习,就是自主学习的一种表现,就能够体现学习的主体性。

第六章 课堂转型的实践

前面几节完成了关于学习力提升的课堂教学改革的基本理论和设想问题，这些设想的课堂教学改革都需要经过教学实践的检验，并在教学实践中不断地完善。本章将从课堂教学范式的转变，这种转变过程中学生、教师和师生共同遇到的问题及解决的方法，介绍我们的课堂教学改革的实践过程，并进行适当的理性分析。

第一节 课堂转型问题

2012 年 12 月，开始执行"UGS 办学模式"，浙江师范大学开始介入临浦中学的学校顶层设计和教学指导活动，我有幸被聘为"浙师大外派校长"，每年要在浙师大附属临浦中学工作 90 天以上，全面介入学校的各项管理工作。经过一个学期的调查、观察、听课和交往，对学校有一个初步的判断。浙师大附属临浦中学在萧山区 42 所初中位于中等水平（18—20名），属于农村中学中相对较好的初级中学。存在的主要问题是学校和教师的教育观念比较落后，有部分教学水平较高的教师，占 20％—25％，学生基本上是农村子女，其中有比较多的外来务工者的子女。特别该校是在2001 年由四校合并而成，刚刚完成学校管理制度、领导班子、教师之间的磨合过程，已经有了"临浦镇中"的主人意识。教科研的氛围与大多数农村中学一样，相对比较薄弱，研究能力整体不高。对学校未来的发展方向不够明确。教师中"职业化思想"比较浓厚，教师专业发展重视，但具体措施和力度不大。课堂教学基本上以教师为中心的讲授和练习的范式，学生学习负担比较重。在和教师的谈心过程中，绝大多数教师对现状并不满意，希望借联合办学的机会，促进学校的发展。学校寄宿学生不多，以走读生为主，每天早上 7 点 10 分到校，下午 4 点 40 分全部离校，学生在校的学习时间比较少。面对这些基本情况，我们开始讨论学校的课程改革问题，并将突破口选择在课堂教学范式的转型上。

一、思想观念的转变

　　一开始,要不要改革,从什么地方开始,从学校班子、到中层领导、一线教师和学生、家长的认识都比较模糊,犹豫、怀疑、反对的人数并不是少数。我们从统一领导班子的思想和转变教育观念开始,通过学习相关课程改革的文件和精神,结合学校的实际,进行思想碰撞,多个周末开"务虚会议",围绕一些基本问题进行说理和辩论,如"对学校现状满意吗","如果不满意,就要改,对吗","要改的话,我们有现成的经验和方法吗","如果没有,是否要先引入其他学校的成果模式","如何形成适合浙师大附属中学要求的课堂教学范式","我们的优势和劣势有哪些","学校未来发展的方向"等等一系列问题。大家畅所欲言,从为了学校发展、为学校未来负责的角度来分析这些问题,形成了统一的思想,并开始讨论相应的制度保障问题。学校领导班子思想的统一,为课堂教学改革奠定了坚实的基础。特别是校长对课堂教学改革的思想观念的转变和坚定,成了最重要的因素。坚强的班子为教学改革实践中遇到问题的解决,提供了很好的保障。

　　为了解决教师层面的观念转变问题,排除大家对课堂教学改革的顾虑,在完成上述问题的讨论基础上,教师们对课堂教学改革的需求、重要性、紧迫性等要有比较统一的认识,在全校范围内逐步形成课堂教学改革的共识。为了给教师课堂教学改革的具体途径和措施,回答浙师大附属临浦中学如何开展课堂教学改革,我们先后组织骨干教师到省内课堂教学改革比较成功的多个学校进行现场体验和取经。教师们看到和感受这些学校课堂教学改革带来的成果,每次取经都使教师带来"也要做课堂教学改革"的冲动。特别是浙江省安吉县昆铜中学的学校教育改革成果,使教师们不仅增强了要课堂教学改革的愿望,还增强了能够做好课堂教学改革的信心。因为昆铜中学的办学条件都比我们学校差,通过学校教育改革也能够使学校得到快速的发展。同时,还新增加了一个基本共识——"课堂教学改革只是学校教育改革的一个突破口和抓手,学校教育改革是一个整体的系统工程",这为我们研究和制定课堂教学改革的配套政策打下基础。每次组织外出取经,回校后要求每一个外出教师写出调研的感受和思考,并立即组织进行传达和讨论,不仅发挥了外出取经的效果最大化,还保证了教师对课堂教学改革实践的持续关注。

　　利用浙江师范大学的智力资源优势,集中组织教育、学科教学、教育技术、教学评价等教授与专家,聘请省内教研员和特级教师,介绍国内外办学模式、课堂教学的理念和范式、教学方式、学习的机理、学习效果、教学经验等多个主题,进行学习和讨论,采取讲座、讨论、教研活动、个案分析等多种形式,从理论层面和实践操作层面对接下来的课堂教学改革进行现场指导,保证了课堂教学转型的方向性和科学性。

二、组织层面的转变

提高认识和统一观念后,学校层面从学校发展的角度进行顶层设计,从学校政策、机构组织、教师队伍、教学资源和条件、教学评价、学校管理等方面进行整体的思考与设计,将学校教育改革作为一个系统工程来设计,将课堂教学转型作为学校教育改革的突破口和抓手。

学校首先动员教师报名参加课堂教学改革试点班级,动员各学科教师积极参与到课堂教学改革之中。同时,设置学校课堂教学改革领导小组,由校长挂帅,统筹学校资源支持课堂教学改革。学校的教研活动全部围绕着课堂教学改革开展,包括各级教学研究课题申报、优质课评选、论文发表和评选等方面,全部集中到课堂教学转型这个中心上来。

为了促进教师专业水平提升,学校建立"名师工作室",从数学、语文、科学、英语、社会 5 个学科分别遴选出 3 名学科骨干教师,作为学校名师工作室成员,聘请大学学科教师为理论导师,省市学科教研员和特级教师为实践导师,每一个学科有两位指导老师指导名师工作室的成员。再有名师工作室成员通过学科教研活动,带动和提升其他教师的专业水平。

学校管理层面,由校长主抓,教科研和教学副校长具体操作,教科室与教务处负责具体实施,保障课堂教学转型所需要的各种物质条件和智力支持。

试验班级中采用任课组集体组织实施,以班主任为主要执行成员,组织班级管理和小组建设,布置课堂教学环境,课任教师负责学科教学的方式方法的设计和实施。教务处和学生处负责进行学生学习变化的跟踪和评价,名师工作室的理论导师和实践导师进课堂直接指导,掌握整体的学科教学中的问题,及时提出改进的方法和措施。

三、课堂教学转型的试点设置与模型

从 2013 年 9 月开始,选择七年级新生进行课堂教学转型的试点,使学生进入初中后直接接触到新的课堂教学范式,而不是从已经经过了比较长的传统课堂教学范式环境中学习的学生开始实践的试点。这样做,学生就会产生"初中教学就是怎样的""初中与小学的课堂就是不一样"的感觉,会比较容易接受和主动参与到课堂教学改革中来,这种"新型"的体验,促进了学生的学习冲动。

在自愿报名的基础上,确定 713、714 两个班级为课堂教学转型的试点班级。分别对两个班级的学生进行学习动机和学习方法的专题教育,对任课教师进行课堂教学模式的解读,重点指导"学案编制"和"学案导学方法",集中学习"三分三合"课堂教学模式,使任课教师真正理解课堂教学模式的要旨,理解课堂教学转型的教学理念,明确具体的实施过程和具体措施,为课堂教学转型的试验工作奠定基础。班主任集中开展学生合作学习指导、小组建设等方面的工作,形成良好的班风和学风,形成具有凝聚力和竞争力的小组,完成合作学习的基本单位建设。

积极主动地和试验班的家长进行交流与沟通,通过学校层面的家长会议,介绍课堂教学转型的目的、目标,从学生未来发展的角度进行解释,并组织家长进行多次讨论,消除家长的各种顾虑,了解家长的实际要求和期望,争取得到家长对课堂教学转型的支持。家长的支持十分重要,家长的顾虑主要来自"学习基础比较好"的学生家长,担心课堂教学改革后,自己的子女是否还能够保持学业水平的"领先"。我们通过多方沟通和具体个案的分析,帮助家长明确初中义务教育的任务,对学生当前的分数和未来社会中需要的能力之间的关系进行分析,解除家长的顾虑,取得了家长的支持。

经过两个多月的准备工作,学校于 2013 年 11 月 18 日正式实施课堂教学转型的试点工作。试点工作在两个班级进行,但是真正参与的是整个年级的全体教师,是名师工作室的全体教师。要求每一位教师每周完成听课和课后反思,形成书面的材料,对课堂教学转型实践中的亮点和存在的问题及可能的对策,提出每一个教师的观点。这样做,不仅可以保障两个试验班在进行课堂教学转型中的各种支持,还为后期全年级推行课堂教学转型进行师资的前期准备。

由名师工作室成员和教研组长负责,每周组织教研活动,每次确定一个专题,如"学案编制""学案批改""信息提取""课堂教学组织""如何体现三分三合""如何进行有效评价"等,围绕着课堂教学中主要问题,进行专题讨论和分析,重点在于从学校的实际情况实施有针对性的对策和措施,保障试验班级的课堂教学转型的实践。

由于学校寄宿制学生很少,学校中原来的自习课安排比较少,为了保证学生能够较好地完成学案的预习,能够进行自主学习和思维训练,我们对试验班执行专门的课程表,每天下午保证安排两节自习课,并要求任何任课教师不得利用自习课进行各种形式的补课。教师进入自习课堂,只能解答学生在自主学习过程遇到的一些困惑,只能进行个别辅导,重点放在对小组合作预习的指导上,鼓励学生产生问题,参与学生对问题的思考,但不给标准答案,只给学生思考问题的思路,有时也谈一点教师自己对某一个现象和事件的困惑和问题,请学生来准备,为课堂教学做铺垫。增加了自习课,就势必要求任课教师减少其他学科教学的时间,语数外科学四学科从原来的周课时 6 课时变为 5 课时,保证有时间给学生进行自主学习。学科教学周时数的减少,就要求任课教师在教学内容安排上进行重新设计,保证教学进度。

试验过程中,学习效果的跟踪是十分关键的措施,它不仅能够及时发现试验中的优点、亮点和缺点,能够通过研究和讨论来提出有针对性的对策,而且能够保证试验班级的学生在课堂教学转型过程中得到真正的好处,使家长能够更加支持我们的课堂教学改革。因此,对这两个班级的学生变化和学习成绩进行跟踪,从学校教务处层面收集相关数据和事实,选择典型个案进行分析和解剖,及时反馈给一线教师和全体学生。跟踪的指标直接以学生学习力要素的变化作为指标,采用现代统计学的方面,改变以往单纯的学习成绩排名的评价方式,将学生的学习评价重点落实在学生的进步上,就是对每一个学生进行自己前后的进步情况来进行分析,并从学生的学习动机、学习行为、学习过程中的表现进行评价。多元化的学习评价,更加客观地反映出学生的学业水平变化和学习力的变化,更加反映出课堂教学转型中的取得成绩和经验,以及存在的问题和原因,保障了课堂教学转型的实践工作的推进。

经过一个多学期的教学实践,总结这段时间中的经验和教训,对课堂教学转型教学的总体评价进行肯定,既不回避存在的问题,正确地面对存在的问题和困难,又大力宣传课堂教学改革的成果,使全校师生都对教学实践的效果从心理层面认同和肯定,有更多的教师愿意并为参与到下一步更大范围内的推广,进而进入全校层面的课堂教学转型的实践活动做好思想和能力上的准备。

在这一试验阶段,我们采用了强制性执行课堂教学的"三分三合"模型。我们清楚在试验的初期阶段,需要有一个相对强势的教学模式,保证各学科教学中能够较好的开展课堂教学转型。在任课教师对于教学模式还处于"陌生"和"不够信任"的阶段,这种强制性的要求是很有必要的,可以很好地排除来自各种的"干扰"。因为我们从一开始就重视对教学效果的分析和评价,能够很好地检测到学生学习过程中的表现,能够很好地理清这种进步的背后的原因,所以可以通过具体的个案和数据来说服大家,来展示课堂教学转型的优势,使大多数教师对学校课堂教学改革真正支持。这种心理层面的变化,对学校后来的课堂教学改革是十分珍贵的。

四、课堂教学转变的推广

2014年7月我们开始准备在7年级和8年级全面实施课堂教学转型的改革实践。利用假期教师培训的机会,确定课堂教学转型为培训的主题,请昆铜中学的校长和中层领导、教研组长再一次来学校为全体教师介绍他们的教学改革实践成果,也请713、714班级的任课教师和班主任介绍参与课堂教学转型的改革实践体会和经验教训。两个学校教师针对自己教学实践中遇到的问题进行了深度的讨论和交流,确定在下学期全面实施课堂教学转型。统一的认识和学校的决定,使得前期课堂教学转型的改革经验和成果的推广顺利展开。

把两个班级的实践一下子扩张到两个年级32个班级,而教师的课改认识、教学能力、课堂模式的认知、学生学业水平的评价等方面都存在着明显的差异,我们在把握课堂教学模式的基本要求的前提下,允许各学科根据自身的特点进行适当的调整,如语文课程,有大量的阅读和写作课,其学案的设计就可以根据需求来进行改编,在强调学生自主学习,强调引导学生积极思考和学会思考的方法的前提下,形成有语文特色的学案。在课堂中学案的使用也是可以根据学科的特色和教学内容的不同,发生相应的变化。"三分三合"模式的灵魂是学生自主学习和合作学习,只要能够体现这个核心的灵魂,就鼓励教师根据教学实际进行改进,以实现我们课堂教学改革一开始就设计的"学模、用模、破模、无模"的想法,将教学回归其本来,体现教学本质和对课堂教学的灵魂的把握;也有利于促进教师的专业水平提升,促进教师参与到课堂教学转型的实践研究之中。

原来的713、714班,现在的813、814班在巩固原来的教学成果基础上,进行了进一步深入的试验,包括教学模式的变式研究,学科特色的课堂教学模式的创建,学生自主学习过程的中分层,学生作业量的变化,评价机制的学生自主化,教师教科研的课题研究,说题,不同学科、不同内容的教学过程的多元化。

　　"说题"就是一种在课堂教学转型的"破模"阶段产生的很好的课堂教学方式。所谓"说题"是指教师在学案中给学生一些典型的题目，学生通过自主学习，寻找答案，写出解题思路，在课堂教学的小组合作阶段，每一个同学说自己解题过程的思路，说自己的解释，说存在的疑惑，说不解的问题。由于同组的同学之间的交流，不仅能够满足每一个同学都有时间来"说题"，还可以在听完同学"说题"后进行交流讨论，对照同学们对问题的理解情况，加深对相关知识的理解和应用；对于不同的意见，同学们通过"说道理""说证据""说理由"，争取达成统一意见，再在全班"大展示"中代表小组成员意见，进行说题。在大展示中，一个小组负责解释一道题，其他小组可以针对该组的说题情况，提出"同意"或"不同意"，并讲清楚理由；还可以在该组解题思路的基础上，提出新的解题思路。提出新的解题思路的小组能够得到高的奖励分。经过课堂中学生的小组和班级"说题"，同学们不仅能够解答相关题目和问题，还能够关注解题的思路，养成"说道理"的习惯，形成尊重真理、尊重事实的风气；更重要的是不同的解题思路，能够打开同学的思维，不管是展示的同学还是听说题的同学都会关注一道题目的、一个问题的不同解决方法和思路，久而久之，成为习惯，以后遇到新的问题，特别是中考时新情境下的问题，就能很容易找到解题思路、思考问题的突破口。"说题"打开学生的思维，提升了学习力的各个要素。"说题"的说思路的过程，还能够暴露出学生不正确的概念和认知，找到他们发生错误的原因，针对问题，达到和提高复习的效果。

　　"说题"适合于习题课、复习课，特别是初三最后几个月进行的全面复习，迎接中考的时期。要做好"说题"，关键是教师对问题和题目的选择，一定要选择有代表性的问题或题目，是对学科的核心概念或重要概念的学习。老师花比较多的时间在选择题目上，而不是在以往的批改题目上，通过集体备课和教研活动，确定问题和题目，保证题目的质量和代表性。"说题"还能够减轻学生的学习负担。特别是初三中考复习，学生的学习负担很重，心理压力很大，通过"说题"可以大大缓解学生的心理压力，保证他们以平常心去参加中考。

　　现在，学校教师开始针对信息化情境，在扣住学生自主学习和合作学习两个基本要求的情况下，不断推出课堂教学模式的变式。通过课堂教学转型的教学实践，教师的学科教学的研究水平也得到了快速提升，逐渐形成了申报课题、撰写学科教学的研究论文的氛围，教师的专业水平得到长足发展。

第二节　实践中的学生问题

开始课堂教学转型的实践时,学生的学习问题还是很多的,主要是学习习惯、学习动机和学习方法几个方面。有的学生没有很好的学习动机,积极性不高,有"厌学"情绪,哪一天老师没有作业就开心得不得了,就拼命地玩,基本上不会自己安排学习实践,自己寻找学习的内容,设计学习方案。有的学生愿意学习,但是,遇到困难时,就无法坚持,容易退却。有的学生能够主动学习,但是学习方法不够恰当,学习效率不高,是一种"死读书"的状态。还有的学生由于学习基础比较好,不太喜欢与同学交流,只关心自己的学习,没有或很少有知心的"哥们、姐们",成绩好但并不快乐。有的学生对家长存在着一种"天然的叛逆"心理,容易"故意"与家长或老师对着干。如此等等,初中七年级的学生在学习中存在着不少困难和疑惑,需要我们的帮助和指导。

开学后的第二个星期,我们针对 713、714 班的学生,开展了学习动机和学习方法的专题培训和讨论。主要就针对学生的学习习惯和学习方法,设计了十个专题。此时尽管已经确定了实施课堂教学改革实施课堂转型,但在领导、教师和家长中仍然弥漫着强烈的"不信任",大家担心的或者说的最多的一句话就是"学生成绩差下去怎么办"。对于这样的问题,在上学期的大讨论中已经进行了"澄清"和"解释",但是,在没有看到具体的课堂教学改革的实际效果之前,总是会出现这些念头。所以,尽管要安排每周一节课的专题培训,但是课程表中就是无法排出来,最后给了周五下午的第四节课,就是平常每周结束前,班主任用于交代学生在周末要做哪些事情的时间。此时,学生已经经过了一周的紧张学习,家长也已经在校门外等着了,可以说,学生的注意力很难集中到专题讲座中来,学校这样安排也就是因为这节课是全周学习效果最差的时间。

所以,专题培训的设计中,我们充分估计到这种困难,也深深体会到课堂转型实施的压力。因此,我们就必须在专题培训的效果上下功夫,改原来的"专题讲座"为"专题活动"。活动中除了确定主题外,全部是和同学进行谈心的方式进行。在第一次活动中,我就说清楚,在活动中不存在"遵守纪律",也不需要"举手发言",大家可以随便"说""喊""叫",只要围绕着主题,什么问题都可以提出来。活动中没有"规矩",是最能够吸引七年级学生的,一整天"专心听讲",现在可以"活动活动",积极性就来了。要让学生面对"陌生"的长辈，进行"毫无顾忌"的思想交流，培训设计者就必须利用学生最关心的问题，或者学生最"讨厌"的问题。如第一次活动的主题是"我是谁"，老师走进教室第一句话就是"同学们，大家好，大家累不累"，并承诺将学生作业减少"一半"（详细见下一章）。要保持学生的对你的期待，将什么话都能够对你说，就需要将自己从老师的架子上下来，和学生平等交往，特别是讨论过程中对学生奇特的、不正确的问题和解释的态度。要做到"诚信"，既然说过"这次活动中没有遵守纪律"的要求，既然说过"什么想法和要求都可以提"，就不能对那些自己不满意的想法和要求"另眼看待"，不能马上显得不高兴。要通过说道理，通过争取多数同学的意见，来引导学生的思想。"诚信"就是要说话算数，第一次答应学生作业减半，下周一开始，学生就发现各门学科的作业都减少了。学生对老师的信任是引导学生学会学习方法、养成良好学习习惯和优秀学习动机的前提，只有学生信任老师，老师的话就成为"圣旨"，才能落实到位。而相互信任从一开始就必须做到，有时为了"说话算数"，在班级管理上做一点适当的"妥协和让步"。学生的信任度凝聚，班级规程、小组章程等就很容易形成，并能够保证向我们希望的方向变化。

对于学生学习习惯、动机和学习方法的专题有以下十讲：

（1）我是谁？

（2）学生该做什么？

（3）如何学会"想"？

（4）我今天学了什么？学会了什么？

（5）我学得如何？

（6）怎样学会"联想"？

（7）怎样学会"表达与交流"？

（8）如何产生问题？如何发现问题？

（9）我的学习计划？

（10）怎样正确认识自己和同学？

其中（1）（2）两个主题是围绕着学习动机和学习习惯养成，让同学们懂得"学习是自己的事情"；（3）（4）（5）三个主题是解决学生学习的元认知水平，能够正确认识自己的学习情况，关心自己的学习情况，元认知水平的提升是学生学习进步的关键所在，克服"跟着学"的习惯；（6）（7）（8）是具体的学习方法，和合作学习过程中的技能与方法；（9）是自我规划，是基于对自我认识基础上的学习规划，是实现自主学习的基本问题；（10）是自我评价问题，也可以涉及学习动机的问题。

这些主题活动开展,基本上是由学生讨论发言为主,是在学生充分表达见解的基础上形成的共识。这种共识就能够很容易地被学生所接受,并能够在今后的学习过程中体现,也有利于同学之间的相互监督。摆脱了说教式的讲座形式,用专题活动方式对学生培训,不仅能够使学生积极参与,兴趣浓厚,能够认同并接受,还可以让同学熟悉后面要开展的"三分三合"课堂教学模式,能够容易接受和参与到课堂教学的新范式中来。

在课堂教学转型过程中,学生的另一个问题就是缺乏"持久性"。一方面由于长期的小学教学中习惯了跟着老师来安排学习,现在要让他们完全自主地安排学习,在道理上容易接受,也愿意接受,但在实际学习过程中,总是会出现等待老师的"指令",习惯于老师的安排;另一方面,由于初中学生的心理特征,他们的习惯还在养成之中,可塑性比较强,容易受到外界的各种因素的干扰和影响,比如小组合作学习过程中,总是能够发现个别学生做别的事情,或者这一节课积极参与小组讨论,下一节课可能就不怎么主动发言了,起伏现象比较明显。针对这种情况,我们没有过分地责怪学生,而是通过不断地引导,组织一些活动或适当的奖励,如对表现好的同学,组织星期天与家长一起进行郊游,活动由学生和家长组织,班主任跟随参加,在这样活动中,渗透进行学习习惯和学习方法方面的内容,使学生能够保持较持续的学习热情。

学生的问题是最关键的问题,我们还是在对学生学习本质的分析和理解基础上,围绕着学生的学习习惯养成、学生动机的引导和学生学习方法的指导与掌握这些基本问题,有针对性地提出和实施相关的措施。

第三节　实践中的教师问题

教师在实践中也遇到不少的问题,主要在对课堂教学改革的认同和观念(担心、价值观、绩效工资),教师的专业水平(跟不上、习惯于原来的教学),以及评价制度(职称评定、年总考核)等方面。

由于对教学工作的责任心,教师们总是担心实施课堂教学转型后学生成绩的下降,如果真是这样就无法对社会和家长交代,就无法面对学生和自己的良心。应该说,这种担忧正是教师应该具备的,是对教学的责任心的表现,是每一个教师最起码的责任感,也是教师这个职业的特点的体现。面对学生的教育,是不可以发生不负责任的事件的,对于学生的成长过程是不可以复制和重新来一次的,如果课堂教学改革的效果是负面的,对于这些学生来说就是无法挽回的损失。这种心理担忧，不仅在临浦中学存在，在其他学校的课程改革中，也很大程度地存在，也是课程改革中来自教师的阻力的最大原因。我们采取集中学习培训和个别谈心相结合的方法，在集中学习中肯定教师们的担忧的正面因素，鼓励大家继续为学生的成长费心负责，肯定和保护大家的责任心；同时，讲清楚不进行课堂教学改革同样是对学生的不负责，而且是更多的不负责，我们将要进行的一些做法是在不少学校的实践中被证明是有效的、高效的，我们要建立适合学校的课堂教学范式，就是为了提高课堂教学效率，为学生负责。在个别谈话中，了解教师对课堂教学转型的担忧的原因、理由，针对具体问题进行逐个破解。可以说，解决好教师对课堂教学转型的"担心"，是课堂教学转型前期准备工作中最艰巨的任务。

长期的教学经验使教师很难在短时间内真正实现课堂教学的转型。一些课堂中，形式上是进行了"三分三合"，是开展了小组合作学习和全班的大展示，但是，在此过程中，教师总是放不开手脚，总是自觉不自觉地成为课堂教学的主宰。特别是面对学生出现一些不正确的解释，选择错误答案的时候，教师那种"教学生正确答案"的经验就起了大作用。我们发挥"名师工作室"的作用，通过随堂听课，及时交流总结，帮助老师逐渐认识课堂教学转型的本质，逐渐认识"学生主体、自主学习和合作学习"的真谛，逐渐改变教师的教学习惯和教学行为。而不是采用一些学校的简单和直接的方法，"规定教师上课讲话的时间"，甚至用"掐秒表"的方式来强制执行——我们在外出观摩学习时看到过这种方法。我们认为，在课堂教学中限制或强制教师的教学行为，对于课堂教学中教师而言同样是不可取的。因为，教学过程是教师发挥主观能动性的过程，教师的创造过程，教师在课堂中的高自由度符合课堂教学转型的宗旨，而且，不同的课程、不同的教师，面对不同的学生和不同的教学情况，强制执行一种统一的讲课时间，本身是违背教学规律的。

当然，教师中也确实存在一些价值观方面的问题，如一些教师告诉我"现在绩效工资了，课堂教学改革教师增加很多工作量，何苦""我已经教书几十年了，现在要我改，难"。我想这些观点在其他学校中也不少吧。我们采取谈心交心，讲清道理，同时允许老师们存在这种观点，而不是简单的批评，我们的策略是让事实说话。在 156 位教师中，只要有四分之一到三分之一的教师能够接受并主动参与到课堂教学转型的实践之中，就可以开始实施课堂教学转型工作，做到三分之一参加、三分之一旁观、三分之一不参加，实现这样一个局面就可以通过我们课堂教学转型的实践后产生的效果,来说服和带动其他教师。实施后的结果真正达到了这样的预期,当教师们看到先行开展课堂教学转型的班级,学生的学习成绩提升,学生的学习面貌发生根本性的变化,家长的支持度也大幅提升的时候,就有不少老师要求参与到课堂教学转型的实践中来,就愿意开始来听课和学习了,做一些准备工作。这些变化,为学校在以后的进程中全面推行课堂教学转型奠定了很好的基础。

课堂教学转型中教师中存在的实践问题是教师的教学能力。在农村中学,广大教师尽管经过大量的教师培训,他们也努力地提高自己的教学能力,但是,就整体而言,相比较大城市中学校师资,我们农村中学教师的教学能力还是要低一些。农村中学中教师的教学能力还存在着教师之间的更大的差异。而且教师编制也相对紧张,教师的教学任务比较重。我们充分发挥"名师工作室"的功能,在 UGS 合作模式下,名师工作室的指导教师包括高校的学科教学的专家教授、中学特级教师和省市教研员,他们的学术造诣和学科教学经验,对于中学教师的教学能力的指导,起到极大的促进作用。同时加强学科教学研究,利用每周的教研活动,围绕课堂教学转型过程中出现的教学实际问题,研究采用针对性的方法和策略。在实施课堂教学转型的过程中,采用"走出去、请进来"的方式,不断与其他学校进行课堂教学研究,采用公开课、观摩课的形式,针对课堂教学的具体问题,进行分析研究,寻找对策和方法。

第四节　课堂教学中的师生

课堂教学中师生之间存在的主要问题就是如何实现课堂教学中师生的真正平等和民主的问题。由于师生在年龄、地位、经验、思维能力等方面存在事实上的差异,教师的主导和领袖的地位不可动摇,长期的"师道尊严"观念根深蒂固存在于学校的每一位师生之中。在学校里,学生听老师的话是天经地义的事情,也是好学生的重要标志。当这些大家习以为常的东西,在课堂教学的转型过程中要发生一些变化,不再像以前一样的时候,出现一些困惑和不适应是正常的。

必须承认,不管怎样强调学生自主学习,强调师生的平等,在教学实践中,教师就比学生更加有主动权,更加容易按照自己的愿望来安排教与学的过程。我们进行课堂教学转型并不是要完全改变这种关系。学校中教师对学生领导地位是必须保持的,只有这样,课堂教学的有序性才能保持。

在 21 世纪初期出现的为了强调学生课堂中的研究性学习,强调学习过程,而放弃教师对课堂次序的管理与引导,整个课堂越乱越好的情况决不能让其再次出现。因此,如何把握好教师的课堂管理和学生的自主与合作学习之间的度,成为困惑教师与学生的问题,"一抓就死,一放就乱"的情况如何解决。

首先,我们倡导将课堂还给学生,教师退到幕后实现对课堂教学次序的管理。教学的过程是学生自主进行活动,而过程的安排是教师预选设计好的。这似乎很矛盾,通过一个例子,不妨体会一下。教师根据教学目标、学习任务和学生情况,设计好课堂教学的流程,这个流程以各种师生或学生的活动为主,可以通过导学案来进行呈现。通过导学案的预习过程,使学生明白将要进行的课堂中的各种活动。在学案中,教师给的不是问题,更不是题目或作业,而是与本节课紧密相关的典型事件和个案,也就是说,教师通过决定课堂中将要讨论的事件和个案来控制和管理课堂教学的主要内容和主要方向。学生则通过导学案的预习,产生自己想要搞明白、自己感兴趣的问题,带到小组中进行介绍和交流。在课堂中,不管是小组讨论还是全班展示,所涉及的问题都是学生针对教师提供事件或个案提出来的,是学生在学习中产生的真问题,学生自己的问题。当然,在课堂交流和讨论中,教师也参与其中,用平等的身份参与讨论、发表意见,教师也需要或可以提出自己的问题,发表自己对问题的看法和困惑或见解。最后的结论,也是师生共同完成得出的,并不是老师告知的。这样的课堂,教师通过提供典型的、有引导性的事件或个案,来控制学生可能产生的问题,当然,这种控制也是基于教师对学情的了解和判断来安排的;教师通过参与课堂讨论和交流来控制或调节课堂教学的进程。学生则围绕着自己的问题进行学习和交流,是自己真心想要搞明白的问题,学习中就能够有主动性和自觉性,就能够促进思考,提升思维品质。在参加一些常规课时,经常看到的是教师提供典型的事件或个案后,就提出自己的问题供同学们讨论,当一个问题有答案后,教师再提出深层次的问题,课堂中基本上是"老师有一个问题","老师还有一个问题"。我常常与这些老师开玩笑,说"我们是否可以这样理解,这堂课通过老师与学生共同努力,帮助老师解决了很多问题"。对照一下这两种课的区别,尽管都是组织学生的讨论,但是,就学生自主学习而言,两个是不同的,后者不是自主学习。

其次,就是要求教师在参与课堂过程中,要真正做到"平等"。这又是一个难点。教师的知识比学生多,教师的经验比学生丰富,在发表意见时,教师表达更加全面、更加有逻辑性,这些优势的客观存在,要完全做到和学生平等参与讨论确实很困难。在鼓励学生积极发言、大胆质疑的前提下，教师在课堂教学的讨论中，每次都由学生先发表意见，不管学生的意见正确与否，是否全面，表达是否明确，教师都必须认真、耐心的聆听；当一个学生回答问题后，要让其他同学发表意见，是否同意，有没有补充和修改，还要让前一位同学有申辩和说明的机会，通过找证据、摆道理来说服对方。也就是说，在讨论过程中，教师只有在听完学生的意见，充分征求意见的基础上，才能发表自己的观点。为了让学生更加有信心对教师的观点产生怀疑，教师有时故意设计一些"错误的、不完整的观点"，在课堂中发表后，看看学生是否能够或有胆量来对教师的意见进行质疑和批评。

在课堂中，教师还可以充分发挥"即时评价"的作用，给能够指出、质疑和批判老师的观点的学生于"高的奖励分"，促进学生大胆在课堂中思考和质疑。绝对不能够发生"因为学生回答不正确、不全面而讥笑、讽刺学生"的现象，即使同学之间有时出现这种情况，教师也要及时为被讥笑的同学辩护。

还有一个大家可能关心的问题，就是课堂教学的进度问题。有人总是担心，学生自主学习、合作学习的课堂，可能不容易完成教学任务，跟不上教学进度。因为，有时讨论起来学生不能很快得到一致的结论或者正确的结论，就会花去比较多的时间。在实践中，我们也出现了这种现象。但是，我们坚信课堂教学转型对学生学习力提升的促进作用，明确学生学习力提升能够提高课堂教学讨论的质量，就在开始阶段允许适当放慢教学进度。在经过一段时间的实践后，学生的课堂讨论水平、思维质量都提升后，这种情况就自然消失。即使在以后的课堂中出现学生讨论时间影响教学进度的情况时，我们认为，这种讨论是学生感兴趣的表现，是学生讨论水平提升过程中正常的，花时间也是值得的和必需的。所以，我们"乐见"这种情况的出现。事实上，将问题解决在课堂中，表面上看去课堂教学的进度慢了一点，但是，这样的课堂学生不需要或少需要复习课和习题讲评课，总的进度还是能够跟上的，甚至出现超前的情况。总之，只要提升学生的学习力，完成初中学科教学的内容是不会有太大的问题的，只会更加省时更加快捷。

第七章　典型案例与课堂改革成效

前面几章介绍的是基于学习力提升课堂教学改革中涉及一系列问题的专题性分析和介绍，为了提高大家的认识和认同，本章通过一些典型个案的介绍和剖析，阐明课堂教学转型中的一些实际操作，并从中提升一些一般性的道理。由于是个案介绍，本章的内容安排上少一些逻辑性，多一点实用性。

第一节　典型案例解析

我们以课堂教学转型过程中面对的一些主要问题以及相应的对策和取得的成效，以叙事的方式呈现，并进行分析与总结。

一、学生的学习动机和自我认识

前面提到过学习的主要影响因素是学生的学习习惯（包括学习动机）和学习方法。其中学习动机是学生进行自主学习和合作学习，提升学习效果、提升学习力的前提条件。在学生培训中，"我是谁"和"学生该怎么办"两个主题就是针对学生的学习动机进行设计的。下面呈现"我是谁"这次活动的基本过程。

主持人：陈秉初

班主任：祝小平、屠飞颖

学生：713、714 班

时间：周五下午第四节

学生以小组合作学习的位子就座，走入教室。"同学们大家好，累不累！""累！"大家异口同声地回答。"为什么累？""作业太多。""你看这么多作业。"学生回答。"大家知道我们两个班要进行课堂教学转型吗？""知道。""课堂教学转型的一个任务就是减少大家的作业,好不好?"大家欢欣鼓舞:"好!""真的吗?""我保证,实施课堂教学转型后,大家的作业减少一半。"学生高兴、疑惑、不太相信。"但是,作业减少的前提是大家需要做其他的一些事情,愿意吗?""愿意,同意。"学生纷纷表态。"这就是我们的一个君子协定了,好吗?""好。"开场白一下子近距离,引起关注。

"在这样的主题讨论中,大家没有大小,没有纪律,不用举手发言,可以随便发言,叫、喊都可以。""好。"给学生参与活动的一个期望和要求,也是学生表达自己观点的一个氛围和规则。"第一次见面,不需要谈严肃的问题,相互认识一下就可以。""大家想想,我是谁?"学生思考一会儿,我在黑板上写下"我是谁"作为本次活动的主题。我接着说:"我们有将近80位师生,每一个人进行自我介绍,时间不够。这样,就以我为例,大家帮助我想一想:我是谁""大家说,我是谁。"我的预设是:我是老师,我是校长,我是教授,通过对老师应该怎样做、做什么的讨论,再引到学生应该怎样做、做什么的问题上去,实现学生的自我认知,促进正确的学习动机,让大家明白"我是学生、学习是我自己的事情"这样一个基本观点。但是,学生一起大叫着回答"人",这不是我的预设,我在黑板上写下一个大字"人"。我就说"我是人,为什么说我是人?"学生大笑:"你怎么会不是人?""我是人。当然是人,我想说的是:人的主要特点是什么? 人与动物的主要区别是什么?"大家七嘴八舌,最后统一说,"人有一个大脑。"黑板上写下:"大脑"。"对,大脑,正是因为我们人有一个大脑,我们才成为今天地球上的主宰。""大脑拿来干什么用的呢?"学生马上回答:"想。"我接着问:"如果一个人有大脑但不愿意想,那他变成什么了?"前排的一位男生"噌"地一下站起来,大声说"猪",学生大笑不止。我说:"你平时喜欢动脑子想吗?""我不喜欢。"这下整个教室"砸了锅了"。"猪猪猪,你是猪。"其他同学大叫着。我说"同学们,我们以前是什么、怎么样不重要,大家从今天开始要动脑子、要想,好不好?"大家说:"好。""想,想什么? 怎么想? 在以后的活动中,我们在一起来讨论。"

"大家说我是人,我想还不够,我是什么人?"我多么希望学生能够回到我的预设的答案上来,可是,学生又一起说"男人"。黑板上写下了"男人"两个字。这下我也学乖了,直接说:"谢谢大家说我是男人,男人应该具备哪些性格和品质才能称为男人?"学生就七嘴八舌地说,我负责在黑板上记录:"男人应该大度""男人应该阳光""男人应该有责任心"……当写到十几条时,我说:"可以了,男人受不了了。""哈哈……""这是我们713、714班同学自己讨论出来的男人的标准。我们男人们注意了,如果哪一位做不到这些标准,我们大家就可以说他……""今后,在同学之间有一点矛盾就拳头相加,大家说是不是大度,是不是男人?"大家说"不是。""讨论了男人,我们顺便讨论一下女人的标准。"同学们说了很多,我也只是负责记录在黑板上。到这时,一节课时间已经过半,要让大家回答我设计的主题上来了。"我除了是人、是男人,我还是父亲还是孩子还是老师和校长。"大家说"对"。我说:"现在电视里经常放《常回家看看》,给父母洗洗脚、揉揉背,我的父母年纪大了,我要这样做,你们的父母都还年轻,不需要你们给洗脚揉背。"大家说:"是的、对"。"你们的父母只要你们回家时大声叫一声爸爸、妈妈,我回来了,就可以了,只要你们回家后给他们讲讲学校中的一些事情就可以。能做到吗?"他们说"好的",我还给他们出了一个主意:"回家后,如果看到妈妈在厨房准备做饭,你就靠上去说:妈妈我来洗。你们放心,你妈妈才舍不得让你洗菜呢,大家今天回家就这样做,能够做到吗?"大家回答:"好,能够。"

最后,我讲了"作为老师应该做什么、怎么做"的观点,留下"作为学生该做什么、怎么做"的问题,请同学们回去后认真思考,写出来,下一次活动时大家交流、讨论。

可以说,这样的一次活动,达到了我的预设安排,学生开始接受课堂教学转型的实践,开始接受"思考、想",开始认识"人、男人"应该的行为规范,开始参与到课堂的讨论中,并在讨论过程中获得快乐的体验,有了对下一步活动的期待。

这样一次活动的效果在周一晚上的家长会上得到了证实。为了争取家长对课堂教学转型的理解和支持,在家长会上对为什么要进行课堂教学转型的实践进行了说明和解释。在征求家长意见的时候,一些"学习成绩好"的学生家长对课堂转型后自己的孩子是否能够保持好的成绩表现出担忧,这是一种正常的、可以理解的想法。正当我们准备与这些家长进行沟通和解释时,一位母亲与另一位父亲分别要求发言,说出了对课堂教学转型支持的理由。这位母亲说:"我的女儿可能是出现了逆反心理,从五年级开始就没有叫过一声'妈妈',什么事情都和我对着干。上个星期五放学回家,进门后大声叫了一声'妈妈',我当时在厨房准备晚饭,由于长时间没有听到叫妈妈了,我一开始根本就没有反应,直到女儿来到我身边,问我晚饭吃什么,是否需要帮忙的时候,我才意识到女儿在叫我。当时,我高兴、辛酸,泪水一起出来,抱着女儿就哭。我问她怎么叫妈妈了,她告诉了我周五的班级活动情况。陈教授,你们大胆地改吧,我不管以后成绩怎样,能够有好成绩最好,没有好成绩也没有关系,起码女儿还给我了。"这时,不仅这位母亲哭，其他不少家长也唏嘘不已。接着，那位父亲讲述了他儿子更加极端的例子，他说："我儿子逆反情况更加厉害，每天回家，书包一扔，就到他自己的房间，锁上门，不知道在干什么。每次吃晚饭都要叫很多次才出来。几个月之前，晚饭是面条，他出来后对妈妈大发雷霆'你们给我吃这个'，随后摔门走了。我们已经习惯了，估计他自己会在外面买吃的，我们就没有在意这件事了。周五放学，回来后他就直奔楼上阁楼，翻天倒地找东西。他妈问他找什么，儿子回答说'妈妈，放在这里的那箱面条呢'，妈妈说'原来那箱面条是你放的，反正你不要吃，我和你爸早吃完了'。这时候，儿子从楼上跑下来，说'快去医院'，我们两个不解地问为什么。儿子说，他在面条上浇了洗厕所的'威猛'，目的是不让妈妈再烧面条。我们说，不用上医院，吃了都已经一个多月了，我们两个也没有什么不舒服的。儿子跪在我们前面，要求我们一定去医院检查，没有办法，周六我们在儿子的'监督'下到第三医院做了人生第一次全面体检，结果好的，儿子才放心。陈教授，你们是用什么方法，一下子让小孩子懂事起来的。"到这个地步，那些有担忧的家长也不好意思再说什么反对意见了。接着的家长会就进入了"学校课堂教学转型，家长如何配合"的讨论了，这种支持在以后的学生管理和班级活动组织中起到了很好的作用。在会上，我们介绍了周五的班会活动情况，让家长知道我们是怎样和学生进行沟通，做学生的思想转变工作的。同时欢迎家长在每周五的学生班级活动时间参与或旁听。接下来的几周，来参加活动的家长每次有三四十人。

第一次学生班级活动，学生学习动机和学习方法的培训，收到的效果是我们没有预想到的，也更加坚定了我们继续工作的信心。我们的结论是：每个学生是愿意进步的，也是讲道理的，只要我们"蹲下身子"，和他们平等对待时，他们的想法、观点就会毫无保留地展示在我们面前，我们就能够容易地选择相应的对策和方法，就能够提高达成目标的效率。家长是讲道理的，只要是真正为了孩子们，他们的支持是全力、无保留的。我们工作的重点是很好的沟通。

二、如何进行分层教学，满足不同学习水平的同学的需求？

学生自主学习过程中的分层教学，是最为典型的方式。刚刚开始实施课堂教学转型的前几个月，我们最担心的是"学生学习成绩不能滑坡"，我们已经看到学生课堂中的学习热情，看到学生个性和活泼的情形，我们知道,这些对学生的学习成绩,在以后一段肯定能够表现出提升,但是,如果在前期,学生成绩"滑坡",就会增加课堂教学改革阻力。所以,每次月考后,我们就特别注意 713、714 这两个班级学生的学习成绩变化。果然,到第三次月考成绩出来后,我们发现,原来后 1/3 的学生成绩进步很快,而原来前 1/4 的学生的成绩有所下降,个别同学成绩下降很大。我们通过个别谈心、课堂观察、小组访谈,找到了问题的所在。原来,我们的课堂教学设计和安排,内容是针对全班同学的学习水平的,对于成绩好的同学出现了"吃不饱"的情况,加上这些同学基本上担任组长,他们过多地关心小组的成绩,忙着教成绩比较差的同学,而忽视了自己对一些基本概念和理论的记忆。针对课堂教学转型开始一段时间中出现的"组长忙着辅导学习困难的同学",甚至于只是"忙着报答案",为了小组的荣誉,为了小组在课堂中能够顺利完成学习任务,并获得比其他组更多的分数奖励,小组内成绩较好的同学将注意了集中在帮助他人的学习中,不太注意自己的学习,特别是一些基本概念的记忆和表述。面对这种情况,我们找到了问题出现的原因,重新反思执行统一的课堂教学模型带来的问题,对于不同学习水平的学生,我们应该设计出不同的学习水平要求的学习过程和学案,让不同的学生都能够满足学习的需求。因此,我们在下午的自主学习课中,抽出一节课,按照学科分,让学习成绩和学习表现较好的同学,每班每科 12 人,共24 人,组成 4 个小组,单独在一个教室进行自主学习,给他们的学习任务和学案相对要求比较高,以保证解决他们"吃不饱"问题,第二节课再返回到原来的学习小组进行自主学习。值得强调的是,我们选择出的 12 名同学不是固定不变的,是按照学科的学习情况来确定的,比如某同学可能参与了数学和科学的高级学习小组,另一位可能参加英语和科学的高级学习小组。由于是针对数学、语文、科学、英语和社会五门课程进行安排,实际参加高级学习小组的同学每班接近 30 人。而且,这些同学不是固定的,而是根据接下来的学习情况发生变化的。这样既避免了给同学"贴标签"造成人格上的不平等的问题,又解决了不同学习水平的同学对学习难度的不同要求。实践表明,这样做很好地解决了小组合作学习中学习成绩好的同学所面对的困惑。

这种分班进行小组合作学习,还有一个任务,就是以小组为单位,集体回顾和讨论一周来该学科的教学内容,学习情况还有哪些问题需要解决,下周要上那些内容,等等。这种设计引进了"元认知"理论,引导学生对一周来该学科的认知的认知。由于成绩较好的学生,本来的元认知水平就比较高,所以,完成这个任务就很容易。这样做,不仅解决了学生的分层问题,也提升了学生的元认知水平,使他们形成了元认知的习惯。在接下来的学习中,这些学生的成绩得到了显著的提升。在我们测量的学生学习水平中,这些学生的学习力也普遍高于其他同学,而且,学习力的提升速度很快,达到了我们进行课堂教学转型的初衷。

为了在全班同学中实施分层教学,我们在作业设计上进行了改进。将作业设计成不同水平的四个类别,要求同学完成一个类别的作业就可以,选择哪一个类别的作业由学生自己确定。我们对学生的指导就是:希望学生能够认真对待作业,在选择作业时,选择那些需要思考、动脑筋才能完成的作业,而对那些很简单和特别难的作业不要去做。选择合适的作业,既保证了学生学习的要求,保证学生在适合自己学习难度的水平上完成相应的学习任务,又能够通过学生对作业水平的确定和选择,提升学生对自己学习情况的了解和关心程度,还能够提升学生对自己学习的自我评价能力。同时,也解决了学生作业过多,学习任务过重的问题,实现了我们一开始的承诺。

三、发挥"名师工作室"的作用

为了解决农村中学师资力量相对较弱的现实问题,为了保证课堂教学转型中对师资水平的要求,我们利用浙江师范大学雄厚的智力优势,在临浦中学成立了"浙江师范大学附属临浦中学名师工作室"。名师工作室聘请学科教授作为理论导师,省市教研员或特级教师作为实践导师,每个学科选择 3 名教师入选名师工作室成员,理论导师和实践导师分别对这3 名教师进行教育理论、教育研究、课堂教学、学科拓展、课程建设、教学评价等多方面,采用随堂听课、个别辅导、专题讨论、项目研究、外出考察学习等多种形式,进行培训和指导。选择的科目为语文、数学、英语、科学、社会五个学科作为名师工作室的主攻学科,要求每一位导师每年必须来学校工作 6 次,学校专门划拨经费支持该项工作。我们设计的是将各个学科的带头人先提升,然后再通过教研活动,由他们去带动和指导其他教师的专业发展。

名师工作室的建立对学校和教师来说,就像是"一股春风"吹入,带来了前所未有的学习热潮。在平常的条件下,一线教师很难得到这样水平和威望的名师的指导,偶尔能够听他们的几次讲座,现在是每个月都能够面对面地进行对话和交流,能够直接请教自己教学中的一些思考的问题,真是难得的机会,大家对机会的珍惜和参加名师工作室的活动的积极性可想而知。特别是年轻教师，总是见缝插针，虽然不是名师工作室成员，也总是找机会请教这些专家，而且希望在以后有更多的机会参加到名师工作室中来。

名师工作室的活动是不定时的、不同步的，这样，在学校范围内总是感到有省内学科专家在指导，每周都有相关的教学研究的活动在进行，5 个学科合在一起，一个月内每周都会有相关的活动。指导老师利用自己的资源，带着名师工作室成员参加省内、各市地的学科教研活动。这种活动的参加，不仅提升了教师的专业水平，更重要的是帮助他们结识了更多的学科专家和同行，也更加能够开阔眼界，改变教学理念，增加交流与合作的途径和机会。这样的培养比简单的专题讲座更加能够接受教育理念和教育理论，更加容易增强教师对自己的职业的认识，增加教师责任感。

四、学生学习方法的指导

学生学习方法的掌握与提升是课堂教学转型的根本保证，也是提升学习力的最终目标。我们在上面介绍的 10 个有针对性的活动中，对学生关于如何学习的基本方法进行了比较系统的培训。培训的方式还是讨论式的，在和学生交谈之中使他们体会到具体的学习方法，

学习方法就是将教育理论变成学生的具体学习行为和学习措施，我们强调的是学生在实践层面的可操作性，以及学生容易掌握和应用。所以，我们在设计中比较多地加入比喻、反问、个案分析等内容，并力求使学生在讨论中反思，对照自己原有的学习方式反思，在反思中产生自己认可的学习行为。

根据元认知理论，我们介绍了如何反思自己的学习，利用一系列的问题，帮助学生进行反思。如"今天第一节课是什么学科""这节课中，老师是如何导入的，举了什么例子""同学们产生了哪些问题""这些问题是怎样解决的""这节课的主要知识点有哪些""我学到了哪些新的知识""我还有哪些问题"等等，要求学生将课堂的过程尽可能地进行回忆，如果哪个地方想不起来了，就必须马上解决掉。因为，学生想不起来的地方，就是这节课还没有搞明白的地方，就是知识的"薄弱点"。这种"薄弱点"以往是通过作业的错误来发现的，但是如果作业没有覆盖到这个点，学生的问题就留下来了，长时间后，学生的学习就会发生困难。学生作业少了，留下的时间就是通过回忆、反思，起到作业的作用。我们希望每一个学生都能够安排自己的"空余时间"，回想今天课堂的过程。对于成绩好的同学，还提醒他们，在

回忆与反思今天课堂的同时,想一想"老师为什么用这个例子还解释和说明今天的知识""除了老师的例子外,我还能够举出那些类似的例子"。这种反思,要比让学生做很多作业更加有效,因为,这种反思是"习"的过程,是学习的后一个阶段或层次。

在安排"联想"学习的环节中,从上课的内容安排的"点状"特征到运用时需要的"面状"或"立体"特征,通过具体例子和比喻,同学们明白"要将每一节课的知识点相互联结起来,成为一个网络化的知识体系"的道理。我当时举了一个"蜘蛛织网"的例子,蜘蛛在编制蛛网时,也是将一个一个节点联结起来,成为一张网。有了这一张网,只要有物体"触网",蜘蛛就立即有反应并做出相应的动作。蜘蛛在织网时,它并不知道"猎物"有多大,从哪个方向来,是个什么猎物,但是,只要有物体触网,蜘蛛就能够反应。我们在学习知识时,同样也不知道未来的中考会出什么题目,什么题型,多少分值,但是,如果我们有了知识这张网,有网络化的知识体系,我们在考试时就能够很快地、准确地做出反应,就能够取得好成绩。在每一个同学都认同这个道理的基础上,我开始介绍如何在平时的学习中采用"联想"这种方法。我介绍了"思维导图""知识树""概念图",并强调要特别注意概念之间的联系的原因,而不是简单地将一些概念用线连起来。并以英语学习为例子,谈了如何"联想"。当你看到爸爸来接你放学时,你想到"父亲"这个英语单词,接着想与父亲关系最密切的人的英语称谓,可以无尽联想,就能够在短时间内回忆或学到很多英语单词,没有学过的单词,就查字典,这样就能够快速扩大我们的英语词汇量。第二天放学,看到爸爸开着车,你就可以回忆各种车的英语词汇,继而扩展到全部的交通工具。每天一个事情的联想,就能够获得很多英语词汇。"联想"还需要应用,老师今天讲了一个例子,你能够联想到其他例子吗,越多越好。当然,一定要是相关的例子。也就是说,要指导这些例子联系的理由、道理。这种学习方法不仅使学生知识容量得到扩大,更重要的是学生学习的"快乐"体验,继而形成"动脑子、乐思考"的习惯。

在对如何提高作业效率的培训中,我们在"减少作业量、提高习题的典型性"的前提下,指导学生如何完成作业。以选择题为例,一般的选择题有四个选项,在多数情况下,特别是学生将作业当成是老师要我做的事情的时候,他们往往注意如何选择一个正确答案,到此为止,上交作业就好了。我们要求同学在选择答案时,不仅要选到正确答案,还要知道为什么这个选项是正确的,其他选项为什么是错误的。接着,还需要思考,在什么情况下,在题干中哪个或哪些条件发生变化时,其他答案变成了正确答案。这样的做法，由于题目有典型性，表面上看去学生少做了题目，实际上，完成一道题目就等于做了四道题目，甚至还要多。最重要的是，学生通过这样的作业，学会了如何从题干中提取"有效信息"，学会了如何"审题"。知道"审题"，能够正确"审题"，才能够解题，才能够保证答案的正确。所以，我们前面提到的"学生作业量减半""学习成绩大幅提升"，其实就是这样实现的。

在课堂教学中，有意识地介绍或提醒某一种学习方法，以强化学生对学习方法的理解，在应用中体验学习方法的效果。我们意识到，学生对学习方法的掌握和灵活运用，并不能只靠几次讲座和活动，更重要的是在平常的课堂教学中，教师有意识地运用这些学习方法，并提醒学生，让他们多次体验学习方法。这就要求我们的所有任课教师，必须自己首先知道这些学习方法，学会使用这些学习方法，知道这些学习方法的道理和精髓。可能有读者会问"老师难道不知道这些学习方法吗"？事实很是残酷，不少老师只知道通过"讲、练、再练"的方法，就是那种低效率的"纠误法"；有些老师知道，但是不知道具体的使用，即使会用，也不知道为什么。这也是我们当今基础教育中普遍存在的一个大问题。正是由于这样问题的存在，我们的学生才会有做不完的作业，我们的学生才会有那么重的负担，我们的学生才会只知道寻找标准答案，才会面对没有遇到过的题型时"不知所措"。结合着课堂教学转型，我们可以明显地感受到教师队伍的发展和教学水平的提升，实现"教学相长"。

五、进行有效的学习评价

学习评价是基础教育改革的一个瓶颈问题，学习评价的有效性，直接关系到课堂教学转型的成效，直接关系到学生学习力的提升，关系到教师专业水平的发展。我们在如何开展有效的学习评价问题上，进行了一系列的研究和实践工作。

1.取消月考、联考

月考、联考在中小学中普遍存在，并很受重视。月考、联考在一定程度上起到学生学习情况的测量和评价的作用，也起到学校之间进行横向比较和信息交流的作用。但是，这种考试现在已经演绎到学校之间"一较高低"的状态，出现超课标、加难度、怪题目等现象已经不是什么新鲜事了，还有的能够参加命题的"专家"，为了体现出他们的学术水平，就以"把学生考倒"为荣。尽管各地教育主管部门也注意到并发文制止，但收效不大。我们学校也有参加几校联合的月考。我注意到,老师们为了准备月考,就必须赶上统一的进度,就没有办法落实课堂教学转型中按照学生的掌握情况来安排教学进度的要求。上课中出现"夹生饭"是属于"正常的"。月考还有一个大的问题就是教学时数不够,以科学为例,每周 5 课时,一个月 22 节左右的课,为了月考,在考试前总要花 2 节课复习,两天考试(多门课程)占了 2 节,考完再用 1 节课讲评,总共需要 5 节课,占到一个月总课时的 1/4 不到一点。也就是说,由于存在月考这种测量与评价的形式,科学课一个月实际上新课的时间只有 3/4。这样一来,平常上课就更加要赶进度了,学习基础比较差的学生,就要"坐飞机",久而久之,学习困难的"差生"就出现了。

分析了上述情况后,学校班子顶住各种压力,在实施课堂转型后的第三个月开始,在全校取消了月考,取而代之的是学校各学科按照教学进度,安排适当的单元测验。以年级为单位,以学科为单位,安排单元测验。测验的指向就是学生学习的情况,以及存在的优点和问题的发现,为研究下一步教学工作提供策略选择的依据。

2. 从"排名"到"进步"

考试排名在中小学中又是普遍存在的一种现象。排名在教学测量和评价上称为"常模参照评价",它不管考生实际的学习水平,只关注考试中某一个考生在全体考生中所处的名次。"常模参照评价"的盛行与高考、中考有关,因为高考、中考就是一种"常模参照评价"。但是在通常的教学过程中,学生的学习进程中的考试,也采用这样的评价方式,就会带来很多负面作用。如何鼓励不同学习水平的学生努力学习,树立学习信心,是提升学习力的一个重要指标。所以,在每次单元测验后,我们改变了全班、全年级排名的方式,继而公布的是每一个学生学习进步的情况。在成绩公布栏中出现的、表扬的是学习进步很快的同学,学习进步很快的班级和小组,并将其作为评选"月度学习进步奖"的依据。

这样的做法,使处于不同学习水平的学生都有通过自己接下来的努力得到奖励的机会和可能,每一个学生都会积极参与到以后的学习之中。最重要的是,这样做能够让学生认识到自己的学习情况,关注自己的进步情况,起到元认知训练的效果。

3. 从注重"测量"到注重"评价"

基础教育中关于学习评价的另一个问题就是:考的多,测量的多,而考试后有效信息的提取重视不够。这种情况也表现在学生平时作业之中,由于作业量大,任课教师来不及批改作业,有时只是看学生哪些题目做错了,基本上没有分析学生发生错误的原因。因为我们的老师很忙,没有时间,还出现更加"荒谬"的事情,就是让家长批改学生作业,还要家长签字。这样的作业,除了加重学生作业负担外,对教师如何备课,如何做到有针对性教学,基本上没有任何帮助。面对这种情况,我们在教师中提出"减少作业量、注重学生作业(考试)中学习信息的提取"的口号,要求每一个任课教师每周完成学生作业情况分析,在教研组中交流;要求老师在给学生布置作业前,首先问一问自己"我的学生为什么要做这些作业",只有能够说服自己,才能给学生作业。

再举一个试卷分析的例子。由于现在使用的试卷,每道题目的分值是一样的,如选择题,每题 3 分,是一种标准化的、等权的赋分方式。一次考试下来,我们给出的分数,其实是学生做对题目的个数,并没有涉及该题目的难度或学习水平。这样的考试和分析,掩盖了学生真实的学习情况,测不到学生思维深层次的情况。因此,我们在每次测验后,一方面按照原来的批卷方式进行阅卷给分,另一方面,在名师工作室的层面上,对试卷中的每一道题的学习水平进行分析,根据布鲁姆的知识目标分类,将每一个题目按照识记、理解、应用三个学习水平进行分类,并按照 1、3、6 的权重,重新进行赋分。然后再重新进行阅卷,给出新的成绩和排名(不公布)。寻找两种赋分情况下,名次发生较大变化的学生,重点分析这些学生的试卷情况,必要时进行个别谈话,了解学生的思想情况和对学习的态度。寻找变化大的学生,是指不管这个学生的排名是提升了还是降低了,都需要引起老师的重视。因为,这些学生的试卷上反映出"学生注意系数"很高,需要引起关注,他们学习中存在着问题,即使是取得高分,也说明得到的高分不一定真实,或者不一定稳定,需要老师帮助该学生进行分析,寻找原因,及时解决。

从注重测量,转到注重评价,注重试卷中学生学习信息的提取和应用,是我们目前中小学教学中值得引起高度重视的问题。

第二节　课堂改革成效

经过三年的课堂教学改革的实践,我们在"酸甜苦辣"中走过,得到了不少的经验和教训,也取得来令人骄傲的成效。

1.学生的思维和活跃程度

实施课堂转型后的最直接、最快的表现就是学生的思维积极、活跃。

在 713、714 班中,学生课堂教学的参与程度达到 100％,每一个学生都能够积极地发表自己的观点,能够聆听其他同学的观点,分析各种观点的合理性,在摆事实讲道理的前提下,形成对学习内容的概念,完成认知。在这两个班中,抗干扰的能力特别强,课堂中,不管有没有人来听课和观摩,不管来听课和观摩的人是谁,不管什么时候进入课堂,都不会影响学生的学习,都能够很有礼貌地回答听课老师的各种问题,有时还会为了坚持自己的观点,与听课的老师进行争论。听课的老师们都说"这些学生不怕听课,不怕干扰"。下面举一个典型的例子,请体会一下这两个班级学生的思维和交流能力。

2013 年 12 月 24 日,也就是在实施课堂教学新范式后的第 36 天,学校迎来了两位来自美国的学者,他们是在浙江师范大学学术交流后,专门到附属中学进行实地考察的。一位是信息技术的专家,一位是中学科学老师,夫妻俩,60 多岁。上午第四节课是与 714 班的全体学生座谈。对于刚刚实施课堂教学转型的学生,对于农村中学的学生,直接与两个老外面对面座谈,而且,座谈的主题也不知道,无法准备。"会不会发生怯场""会不会提不出比较深的问题",我有点担心。事实上,学生在兴奋的同时,也有点担心。下课时,学生就来问我:"陈教授,两个老外会中文吗?"我说:"不会,也听不懂。""那怎么交流?"我说:"你们不是学过英语吗,用英语交流。"学生说:"我只会一点点,怎么办?"我当时鼓励他们:"能说完整的句子,就说完整,不能说完整的,中英文掺合着来,说几个单词也行,实在不会的说中文,我们来翻译。"座谈开始是外籍老师自我介绍,谈到他们来的目的、他们的专业,还特别谈到他们夫妻结婚 37 年了。轮到学生自由提问了,对我来说,第一个问题很重要,只要有学生开头交谈了,就能够进行下去了。这时,一位女同学率先发言,在表示欢迎美国老师来学校后,直接提问:"听说美国的离婚率很高,你们结婚 37 年,是第几次结婚?"这是大家都没有想到的问题,也引起了两个外籍老师的兴趣。他们回答说"第一次",这时候,全班同学集体鼓掌,搞得两个老外一头雾水,问:"我们只结婚一次,有什么好鼓掌的呢?"这位同学解释说:"按照中国的文化与传统,离婚是不好的。"两个老外笑开了。接着谈家庭宠物、美国的学校、美国科学课等问题,学生一个接一个问问题。就连班级中一位有智力障碍的同学也问:"美国的钱是怎么样的?"老外拿出钱包,从 100 美元到 1 美元逐一介绍,还专门介绍了美元中的总统头像,最后,将 1 美元奖励给这位同学。到了拍合影时,两个老外的身上、腿上"挂满"了学生,像叠罗汉似的,倒是我们这些老师没有了地方,插不进。回到浙师大,两个老外在他们的学术讲座中,还专题介绍这次座谈会,表扬这些学生的思维活跃、大胆热情、智慧聪颖。最使我感动的是那位智障学生,他将得到的1美元用透明胶贴在衣服上,专门到我面前"展示",他的这种"成功感"使我坚信我们的改革事业。

2.学习力的全面提升

学习力提升是实施课堂转型的最重要的目标。我已开始就对两个实验班学生的学习力变化进行跟踪测量,采用前面章节中对学生学习力的六要素三层次模型,对各个要素进行分解,形成具体的测量工具。三位研究生分别从初中生学习力、科学学科的学习力以及学习力的测量评价的研究。以下是胡爽同学的硕士论文中关于学生学习力变化的结果和分析。她毕业于2015年,介绍的结果是2013年11月到2014年11月,713、714班学生的学习力变化情况。也就是说,是这两个班级实施课堂转型一年来的学习力变化情况。

采用SPSS17.0和Excel2003软件对被试者的学习力(知识与经验、策略与反思、意志与进取、实践与活动协作与交往、批判与创新等六个方面以及学习力整体)前、后测量数据进行统计,来分析小组合作式的教学模式及相应的教学实践策略对学生学习力的影响。为了更准确地说明学生在知识与经验在前、后测中的变化程度,利用SPSS17.0软件进行配对样本T检验,检验结果如下:

(1)学生知识与经验前、后测比较(表7-1)

表7-1   知识与经验纬度单题平均分得分差异比较的配对样本t检验

变量	N	均值	标准差	T值	Sig.(双测)
知识与经验(前测)	40	12.67	1.517	−4.244	0.000
知识与经验(后测)	40	13.10	1.549		

统计发现,在知识与经验纬度中,前测平均得分为12.67,后测的平均得分为13.01,前、后测中平均得分差异值检验的T值=−4.244,显著性检验概率值P=0.000<0.05,且小于0.01,达到极显著水平。表示后测与前测之间学生在知识与经验纬度存在极显著差异。后测中学生的平均得分显著高于前测,可以认为,实施小组合作课堂以及相应的提升学习力教学策略以后,学生学习力中的知识与经验纬度呈现显著变化。

（2）学生策略与反思前、后测比较（表 7-2）

表 7-2　策略与反思纬度得分差异比较的配对样本 t 检验

变量	N	均值	标准差	T 值	Sig.（双测）
策略与反思（前测）	79	22.35	1.754	−4.068	0.000
策略与反思（后测）	79	22.91	1.570		

由表 7-2 中的数据可知，学生在策略与反思纬度后测平均分高于前测，前、后测平均得分差异值检验的 T 值＝−4.068，显著性检验概率值 P＝0.000＜0.05，且小于 0.01，达到极显著水平。表示该纬度后测与前测之间存在极显著差异。因此可以得出，在实施小组合作学习及相关的教学策略后，学生的策略与反思能力显著提升。

（3）学生意志与进取前、后测比较（表 7-3）

表 7-3　意志与进取纬度得分差异比较的配对样本 t 检验

变量	N	均值	标准差	T 值	Sig.（双测）
意志与进取（前测）	79	17.20	1.628	−3.356	0.001
意志与进取（后测）	79	17.42	1.590		

由上表中的数据可知，学生在意志与进取纬度前、后测平均得分差异值检验的 T 值＝−3.356，显著性检验概率值 P＝0.001＜0.05，达到显著水平。表示该纬度后测与前测之间存在显著差异。

（4）学生实践与活动前、后测比较（表 7-4）

表 7-4　实践与活动纬度得分差异比较的配对样本 t 检验

变量	N	均值	标准差	T 值	Sig.（双测）
实践与活动（前测）	79	16.00	1.219	−3.185	0.002
实践与活动（后测）	79	16.25	1.160		

根据统计，学生在实践与活动纬度前、后测平均得分差异值检验的 T 值＝−3.185，显著性检验概率值 P＝0.002＜0.05，且小于 0.01，达到差异极显著水平。表示小组合作课堂及相应的课堂教学策略有利于学生实践与活动能力的显著提高。

(5)学生协作与交往纬度前、后测比较(表7-5)

表7-5　协作与交往纬度得分差异比较的配对样本 t 检验

变量	N	均值	标准差	T 值	Sig.（双测）
协作与交往(前测)	79	13.29	1.673	−2.809	0.006
协作与交往(后测)	79	13.48	1.624		

　　根据分析可得,学生在协作与交往纬度前、后测平均得分差异值检验的 T 值＝−2.809,显著性检验概率值 P＝0.006＜0.05,但小于 0.01,达到差异显著水平。表示小组合作课堂及相应的课堂教学策略有利于学生协作与交往能力的显著提高。

(6)学生批判与创新前、后测比较(表7-6)

表7-6　批判与创新纬度得分差异比较的配对样本 t 检验

变量	N	均值	标准差	T 值	Sig.（双测）
批判与创新(前测)	79	13.14	2.571	−3.872	0.000
批判与创新(后测)	79	13.42	2.624		

　　根据表中数据可知,学生在批判与创新纬度前、后测平均得分差异值检验的 T 值＝−3.872,且后测平均分 13.42 高于前测平均分 13.14,显著性检验概率值 P＝0.000＜0.05,同时小于 0.01,达到差异极显著水平。因此我们可以判断,通过小组合作课堂的实践,学生批判与创新能力有显著提高。

(7)学生学习力整体水平前、后测比较(表7-7)

表7.7　学生学习力得分差异比较的配对样本 t 检验

变量	N	均值	标准差	T 值	Sig.（双测）
学生学习力(前测)	79	94.66	4.070	−7.921	0.000
学生学习力(后测)	79	96.58	3.908		

　　通过对学生学习力综合水平的统计分析,得到前、后测平均得分差异值检验的 T 值＝−7.921。后测均值比前测均值高出 1.92 分,显著性检验概率值 P＝0.000＜0.05,同时小于 0.01,达到差异极显著水平。因此我们可以判断,小组合作学习课堂及相应的提升学生学习力的教学策略的实践使学生学习力显著提高。

　　从上述的结果可以看出,两个班级的学生学习力的总体水平得到了显著提升。这种学习力的提升,肯定与学生参与到课堂教学转型有关,当然,也包含了学生在初中学习过程中,学习力提升的一般水平。就是说,学生即使没有参与课堂教学转型的实践,随着年龄和学习经验的积累,学习力也是会有所提升的。但是,达到了显著性差异的水平,就可以肯定学生学习力提升在较大程度上是得益于课堂教学转型的实践。

3.中考成绩的大幅提升

中考成绩总是学校、社会、家长、学生和老师都十分关注的问题,如果实施课堂教学改革的实践,最终没有给中考成绩的提升做出贡献,不管我们测到的学习力提升如何显著,都会让人感到"不完美"。所以,我们从一开始就没有忽视过学生的学习成绩,总是关注学生成绩的变化。可喜的是,在实施几个月后,学生的学习成绩开始有明显的提升,进步最快的是后1/3的学生,其他同学也都在进步。第一个学期末的全萧山区科学统考,由于试卷比较难,全区95分以上的学生只有7人,其中有3人在我们这两个班中。可以说,但这个时候,我的担心已经彻底解除。

2015年中考,学校考生成绩得到大幅度提升,以考试重点率为指标,从原来全区18—20名,提升到全区第4名,考上萧山中学的学生数翻了一番多。2016年中考,914班(原来的714班)考上重点高中人数27人,全班人数38人。这种成绩是我原来想象不到的,我只是坚信实施课堂教学转型,改变学习方式,提升学习力能够提升学习成绩,但没有想到提升幅度那么大。

4.学生道德品质的提升

我们将学校教育作为一个整体工程,以培养一个完整的、优秀公民为目标。在实施课堂教学转型过程中,除了学习和教学问题的解决外,还特别注重学生的道德品质的提升。这一方面是对课堂教学转型工作的保障,更重要的是学生的道德品质水平更加能够反映出学校教育的质量。在713、714班中,以小组建设和班风班规建设为抓手,班主任带领,对学生的道德品质的提升下了很多功夫,从而提升了学生的道德品质水平。我在前一节介绍的中家长会上两位家长,就是一个典型的例子。就是那位父亲讲到的他的儿子,这位学生的进步也很能够说明问题。课堂教学转型之前,他是一位典型的"问题学生",上课捣蛋是常事,班主任在班级座位安排上是将他单独一座,游离于其他同学的,靠着墙壁、最后一个位置。我第一次知道他是在听课时,我坐在后面,发现他单独一行,而且上课时大喊大叫,从不通过举手发言,任课老师需要停下来"修理他",才能安静一会儿。听课中我特别观察他的表现,发现尽管他"不遵守纪律",上课"大喊大叫",但是，每次他的喊叫内容都是和上课的内容相关的，并不是其他的内容，只是他的解释可能"很荒谬""文不对题"，"不是老师希望得到的"，但他表现出的活跃的思维，我很肯定和欣赏。我就找班主任，请他特别注意这个学生的引导，要给机会多让他发表观点，不要讥笑他，让他参加到小组当中。得到老师的肯定后，这位学生在保持思维活跃的情况下，开始提升回答问题的质量了，学习成绩也开始提高。当课堂教学转型的实践开始时，他当选了小组长，一个学期后当选为班长，中考进入重点高中。

以下案例选自714班班主任祝小平老师的专著《起航》（东北师范大学出版社，2015年6月第一版）。介绍他们班级的一个思想品德方面的活动和相关的成效。为了忠实于事实，我没有做任何取舍。

一、"日争一善"主题活动缘起

1. 面临的现实问题

"老师，×××不搞卫生，逃回家了""老师，×××撞了×××，现在两个人吵起来了""老师，×××上课总是打扰同学""老师×××他总是说脏话""那老师太严，一点都不喜欢"……身为班主任，每天都要为这些小事花费大量的时间和精力，但学生间的矛盾、破坏纪律的现象却仍层出不穷。

人之初，性本善。每个学生其实都存有善念的，无非在现实的生活环境中不断地被抹去，或者没有被充分激发出来。如何让学生从内心深处改掉这些不好的习惯，养成良好的品行，培养学生从善、向善的价值观。关键还得从学生的心灵深处去触发他们，不断形成善念、善言、善行、善心，向善看齐。那么，采用何种方式，既易于学生接受又能有效地达成目标呢？在不断的思索与学生间的不断了解，于是乎"日争一善"成了实施的选择。

2. 策略的缘起

"日争一善"活动源于"日行一善"。"日行一善"表示每天做一件好事，或多做善事好事，积善成德。如果在班级中实施，给学生的感觉具有强迫性——每日得做一件善事。而且相对来说它的内涵不够广泛，觉得日行一善很困难，不符合行善应该尊重当事人主动、乐意的价值观。而"日争一善"，即从身边的小事做起，每天争取在学校、家庭或者社会做一件好事，并将其记录下来，感受助人为乐的妙处，形成良好的个人品德与修养。"日争一善"强调是"争"，追求的是"善"，贵在"日"，启示学生对于"善"，既要立之于心，也要付之于行，尤其要持之以恒，更符合行善是从人内心自愿出发的原则。通过体验在日常生活中行善、扬善的快乐，逐步将"善"的理念根植于内心。

善是人类所共有的精神财富，它既是历史的沉淀，他是现实的需要。古有刘备的"勿以善小而不为，勿以恶小而为之"的告诫，今有雷锋助人为乐的高尚品质，外有美国首席执行官卡罗斯·古铁雷斯的故事。他曾经是一个流落他乡的孩子，在生活的磨难中，他不忘"日行一善"这条祖上的遗训。当他开着货车把燕麦片送到大街小巷的时候，他总是做一些力所能及的善事，比如不怕麻烦帮店主把一封信带到另一个城市，让放学的孩子顺便搭一下他的车。就这样，他乐呵呵地干着业务营销的事。1999 年他被调到了美国总部，任首席执行官，后来又担任了美国商务部部长。在接受记者采访时，古铁雷斯说了这么一句话：一个人的命运，并不一定取决于某一次大的行动，我认为，更多的时候，取决于他在日常生活中的一些小小的善举。精明的记者发现，改变古铁雷斯自己命运的简单武器，就是"日行一善"这句祖训。

行善习惯的养成需要经历一个较长的过程，七年级的学生具有较强的可塑性和表现欲，有着尚未形成稳定的个性特征。基于他们的年龄特征，由"日行一善"衍生出了"日争一善"主题实践活动，旨在让学生在每日不断争做善事、行善念的过程逐渐养成良好的个人品德与修养。

二、"日争一善"的内涵

所谓"日争一善"，就是鼓励学生每天争取做一件善事，动一次善念，并将每天的收获记录下来。"日争一善"突出了"争"和"善"。"日争一善"强调是"争"，追求的是"善"，贵在"日"，启示学生对于"善"，既要立之于心，也要付之于行，尤其要持之以恒。从狭义上来讲"日争一善"是，争取做好事（善事），但广义的"日争一善"，它包括各个方面，应该具有利于个人、家庭、社会的一切的行为与理想。

善事不分大小，动一次善念、节省一滴水、节约一粒米、给周围的人一个微笑、一个方便、一声问候、促进社会和谐的行为及个人行为习惯的进步都是一善。行善并不难，只要我们从身边的点点滴滴做起，只要是有利于他人的，或者利人也利己的，只要是正确的，哪怕是为了行善而行善，都是无可厚非的。因为从言善、行善到具有真正的善心是一个日积月累、循序渐进的过程。我们会在这个过程中从"小我"走向"大我"，最终到达善的最高境界。故笔者设计了"日争一善"的系列活动，鼓励学生每天争取做一件善事，或者改变一个习惯。

古人有言："不积小流无以成江河，不积跬步无以至千里。"同样，提升学生的素养，培养学生的道德品质，也应该从一点一滴做起。德育是一种"和风细雨、润物无声"的工作，应让学生从做好眼前的一件小事开始，在小事中获得真切的感受，在善言善行中感悟和内化，逐步实现由"日争一善"到"时时行善"，再到"善行一生"，形成良好的行为习惯。

三、"日争一善"活动开展过程

起初，大家对"日争一善"不太理解，认为很难做，其实说困难也简单，比如捡起地面上的一片纸屑，只是弯下腰那么简单；又如课间十分钟回顾刚学习的内容，养成良好的学习习惯。然而如果你没有意识或懒得去做，便是困难至极。如果说我们很难做到每天都做好事，但我们可以争取每天多做好事、形成善念，以帮助他人而快乐自己。

为加强对"日争一善"的理解，变被动为主动，同时不断的深入人心，实践活动只有细心安排，同时要符合学生认识规律与心理特征。

1.举行主题班会，创建"日争一善"活动氛围

①在班队课中，分析班级同学间所表现出来的不好的言行举止，进行自我剖析与自我批评，结合学生具有向善的愿望，积极寻求向善的方法与监督机制。②对社会存在的一些不良的道德风气或身边的善恶例子进行分析（例如碰瓷、随意闯红灯现象等）。在这里及时开展改善自我的大讨论，教师不失时机地为学生展示"日争一善"的由来、意义，让学生深刻领会"日争一善"的重要意义的同时，领悟其中真谛，增强道德意识，让"日争一善"成为全体同学的思想共识和自觉行动，从而形成"日争一善"的班级氛围。

2.班级动员，开展"日争一善"活动

通过班级动员、黑板报等形式向学生宣讲善的内涵和外延，让学生明白"日争一善"的内容、要求、方法等。教育学生开展"日争一善"活动就是从身边的一点一滴做起，争取每天做一件好事、动一次善念，然后认真去感受做好事、为别人带来方便的同时给

自己带来的快乐。动员各科老师进行帮助、引导,为学生的"日争一善"活动做好导师工作,形成全班参与,全班同学乐于"日争一善"活动,提高崇善向善的高尚情操。

3.制订"日争一善"操作方案

在主题班会的基础中,从"什么是日争一善""为什么要日争一善""怎样日争一善""日争一善举例参照"四个方面进行出发,展开大讨论,制订了思路清晰、内容具体,有较强的针对性和操作性的方案——《"日争一善"操作手册》。

4.建立健全保障机制

①及时表彰,树立行善榜样。为了更直观的体现学生"日争一善"的行为,在同学中树立榜样,互相鼓励,每天坚持争善事、行善念,在班级教室后面设计了"日争一善"粘贴牌,学生可以将所行善事、善念呈现在同学面前,在获得同学肯定的同时,对其他同学也树立了榜样的作用。活动开展以来,粘贴牌上好人好事、向善情况天天爆满,同时,对积极行善的同学,老师也适时地进行表扬。②针对小组内成员每日的行善情况,进行分数奖励。对及时行善的同学,老师安排班委进行记录,并给予记一定的分数鼓励,作为小组评优、个人评优的参考条件之一,但对于没有及进行行善的同学不批评、不扣分。③各科教师的配合与指导。④学校德育组的支持与帮助。学校领导,定期来班级给予同学们进行鼓励与加油。

四、"日争一善"活动实施效果

通过"日争一善"活动,将抽象的道德建设活动转变成为学生可视、可行、可做的日常生活小事。从具体的小事做起，使学生在切实可行的活动中体会到行善事、动善念的快乐。活动开展以来，行善扬善成了师生的共识和自觉行动，我班班风、学风不断加强，同学关系不断融洽，班集体的凝聚力也在不断加强，"日争一善"活动获得了显著的成效。

1. 良好的行为习惯不断养成

随着活动的开展与实践，每天的好人好事越来越多，例如帮助同学搞卫生，爱护小动物，保护环境，帮同学捡起掉在地上的东西，说一句好话，伸一把手帮助别人，等等。如我们班的傅家艺、吴杭、钱盛炜、裘金涛等开始不太守纪，是调皮捣蛋的学生。观察学生在"日争一善"活动以来的表现，已发生了很大的进步。不再像刚开学那段时间那样多动、捣乱了。特别是钱盛炜同学，他最大的特点就是积极投入到"日争一善"活动中去，而且每天他做的好事都非常多，虽然有时是为了好一时表现，但通过这些活动，他的确感受到了助人的快乐，而且在得到别人帮助时感悟到人与人之间应该互相帮助，互相关爱与理解。现在的他变化有目共睹，各课任老师、同学都给他有较高的评价。在学校的月行为习惯养成之星评选活动中，第二个月他就被全班学生评选为"每月之星"。广大学生也在活动中充分体验到做善事的快乐。学生在做善事的过程养成了良好的行为习惯，升华了心灵空间，提高了幸福指数，促进了学习的成功和生活的和谐，更快乐地学习和生活。

2. 学生之间、师生间人际关系逐渐和谐

如某某某同学，从进入学校后的表现与家长那里的了解，她具有非常典型的"公主病"——娇生惯养、霸道、蛮横、不讲理，同学间动不动就发脾气、哭闹，是同学们最讨厌与难交往的人。曾在体育课上不听老师安排，无理取闹，动手与老师对着干，班主任和校长知道后，进行耐心思想教育，但她不仅不听校长的耐心教导，反而对校长出言不逊。有了"日争一善"这个活动，在老师与同学的帮助下，在潜移默化中她的坏毛病改变了很多。一段时间下来，与同学的交往顺畅了许多，也有了自己的几个知己，看到老师时常带微笑，与老师亲近，说点家长里短的小事。我有好几次亲眼看到放晚学后她积极帮助同学搞卫生，我叫她早点回家，她表示要多做点事。正因为她性格的变化和能力的增强，得到了较多同学的认可，在小组长评选活动中，当选了我们班合作学习的小组副组长。

　　3.学生人格逐渐健全

　　经过一段时间的坚持,做善事已经在很多同学的头脑中逐渐形成一个信念,随着活动的展开和深入,学生通过实践善行,逐步树立了善念,以善小而为之,积善成德,完成由小善到德的质的飞跃,从而形成健全的人格。例如某某同学,他爸爸是在执法部门工作,但他的思想上却总是父母对着干,品行不太好。学校走廊的电源开关常去拨动,同学间有矛盾他总会有一些极端的行为。现在好多了,在期末考试后,主动进行了自我反省,写出了长达1000多字的自我检讨,还要求老师更加严格地对他监督与帮助。

　　4.学生变得更阳光与快乐

　　每天放学,在教室后面的粘贴牌上,同学们都会在自己的名字旁边,贴上一张红色的纸条,写上自己一天中做过的一件好事,"我捡起地上的一张纸""我借给×××一支笔""我在小组合作学习时帮助×××""我在体育课跑步时坚持跑到最后"等等。纸条不大,就这样一条,字也不多,只写一句话,十多个字。但是这短短的一句话,一件微乎其微的小事往往是同学们一天中最自豪、最开心的事。当每个同学把自己的红纸条贴到粘贴牌上时,教室后面站满了许多学生,他们满脸微笑,指点着同学们和自己取得的点滴进步,这样的情景便成了教室里一道亮丽的风景。

　　5.得到了家长的支持和肯定

　　家长们看到了孩子们在活动中的成长与进步,对活动给予了充分肯定,而且对部分学生的家庭教育也起到了一定的帮助作用,纷纷有家长致电给班主任与校领导,表示感谢自己子女在学校取得的进步。

　　"日争一善"亮丽的不仅是我们的教室,还有我们学生的行为习惯的改善,在校园内外形成了良好的口碑与成效。

5.教师专业水平的提升

在学生的进步、学习力提升的同时,我们的教师教学水平和总体水平都得到了快速的提升。市、区教坛新秀不断出现,各级优质课、公开课的比赛中也总是喜报频传,教师的教学面貌、教学理念、教学水平都得到长足进步,特别是学科研究的能力得到大幅提升。各级科研课题立项数量增加、获奖与发表的论文数量增多,教科研意识和能力的提升,反过来促进了课堂教学质量的提升，后来出现的按照学科特色、体现教师个人风格的课堂教学模式的产生与应用，就是最好的写照。

6.学校管理水平的提升

学校领导班子的学校管理水平和能力，在课堂教学转型的改革实践中得到了提升。学校管理的观念发生了变化，已经从学校整体层面完成了顶层设计，能够从学校本质的理解上考虑学校管理的具体措施，能够从学校长远发展的角度来看待教育改革中的成绩和不足。在课堂教学评价、教师学科研究能力、学生学业水平和学习力、学校文化建设、学校德育教育、学校奖惩制度等众多关键问题上，实现了科学化管理、制度化管理。

结束语

在大学、政府和学校的合作办学的背景下，我们历经 3 年的课堂教学改革的实践研究，利用现代教育理念为指导，以现代教育与教学的相关理论为依据，以学校实际情况为出发点，以同类学校课堂教学改革的成功经验做参考，在学校领导、全体教师和学生的努力下，在家长和社会的期待与支持下，充分发挥了高校的智力优势，借助中小学一线特级教师和教研员的智慧结晶，取得了课堂教学改革带来的可喜成绩。实践证明，只要我们从内心深处有为学生的发展而积极工作的负责人的认识与态度，脚踏实地，积极思考，重视实践，就能够在教育岗位上取得成绩、做出应有的贡献的。

学校的课堂教学范式要不要改，就在于对自己课堂的判断，对现行课堂教学的效果的满意程度。如果还不满意，还需要提升，那就必须改。课堂教学改革需要教育与教学理论的指导，需要将教育理论变成我们课堂教学中具体行为。那些认为教育与教学理论无用的观点是错误的，那些空谈教育与教学理论的讲座是低效的、无用的。任何一种教育或教学理论，要变成课堂教学中师生的具体行为，就需要研究，就需要我们在研究的基础上大胆实践。那些以担心学生学习成绩下滑为理由，而不愿意进行教学实践的尝试、抵制课堂教学改革的行为，是站不住脚的，更是不负责任的表现，应该被我们的学校教育所唾弃。那些热衷于搞"题海战术"，陶醉于通过"题海战术"而取得的所谓的"高质量"，其实也是一种不负责任的态度，因为，通过课堂教学的改革，不管现在的学生成绩如何，都还有提升的空间；通过课堂教学改革，学生的各个方面都能够得到健康的发展。

我们的时代需要教学改革，我们的国家呼唤教学改革。